正确学习

祁子凯

著

湖南文艺出版社
HUNAN LITERATURE AND ART PUBLISHING HOUSE

博集天卷
CS-BOOKY

序

大家好，我是九三学长祁子凯，一个致力于帮助更多孩子更轻松地学习的学长。"如何让我家孩子能够更轻松地学习？"这是我在不断研究学习能力过程中被家长朋友们问得最多的问题。我知道很多父母都在孩子身上花了很多时间和精力，想让自家孩子更出色。帮助更多忙碌的父母培养出具有更强学习能力的孩子，正是本书最想做的事情。

我经常跟大家分享我学生时代经历过的两次逆袭。第一次是初一时，我用了两个月从期中考试的班级四五十名逆袭到期末考试班级第3名。第二次是高一时，我同样用了两个月从期中考试的班级50多名逆袭到期末考试班级第3名。每次我分享这两段经历时，总是有很多同学发出质疑："学长，你为什么总是在逆袭？"其实答案很简单，因为伴随逆袭的不仅是我个人能力的提升，还有周围的人变得越来越厉害。

我小升初是从一个非常普通的小学进入省重点初中。到了初一，我突然发现身边的人都非常厉害，很多人在小学阶段就打下了很好的基础。所以很自然，我会在初一有了那一次成绩倒数的经历。上了高一情况也类似，我身在省重点高中的大实验班，身边全是当年在各个初中排名前几的同学，我的排名自然就遭遇了滑铁卢。

但你要是问我这两次都能成功逆袭的原因是什么，我会总结成一个公式：学习成绩=学习时长×学习效率。在我看来，我们的学习成绩被两个因素影响。一是学习时长，我们也可以理解成在学习这件事上，我们所花费的总时间；二是学习效率，也就是在单位时间内我们有效汲取了多少知识。就像我们在初中物理课上都学过的公式"距离=速度×时间"一样，这两个因素每天都在影响我们的学习成绩。

我问你一个问题，你认为在对学习成绩的影响程度上，是学习时长的影响更大，还是学习效率的影响更大呢？对这个问题理解不准确，就是很多同学的学习成绩很难在短时间内有效突破的关键原因。我直接给出我的答案：在我看来，学习效率对学习成绩的影响远大于学习时长对学习成绩的影响！

我简单地算个账，你就很容易理解了。很多孩子曾用熬夜学习或者高强度突击的方法来试图提高自己的学习成绩。假设之前我们每天都花8小时在学习上，从今天开始我们下定决心好好学习，每天都保证超负荷、超长待机地学习。但问题是我们每个人一天只有24小时，去掉休息、吃饭、休闲的时间，我们能够用在学习上的总时长一般很难超过10小时。好吧，我们就算一天满打满算能学习12小时。增加学习时长这个因素对学习成绩的帮助只有1.5倍，也就是提升了50%。更关键的是，随着我们学习时长的加长，我们会感到学习效率越来越低，记忆的效果也越来越差。所以真实的学习成绩提升效果往往是不到1.5倍的，效果远低于你的预期，这就是为什么我从来不建议大家通过疲劳战或者熬夜学习的方式来提高成绩。

那通过提高学习效率来提升学习成绩的效果怎么样呢？我们就拿背诵知识来举例。很多父母跟我抱怨，孩子每天学习过程中最头疼的就是背知识点背不下来，好不容易背下来了，结果第二天就忘得干干净净。可是我们能观察到周围那些学习能力强的同学，他们看起来总是可以轻松、快速地背下大段大段的语文课文和英语文章。问题出在哪里？是他们天生就聪明吗？答案一定是否定的！问题不是出在智商上，而是出在不同的学习方式上。

下面这幅图是我多次分享过的"记忆留存金字塔"，它揭示了不同记忆方式对记忆留存率的影响。这是一组来自美国科研机构的数据：对同样的记忆内容，不同人采用了不同的记忆方式，两周后查看记忆留存率。其中效果最差的方式是"听讲"（这也是我们在学生时代最常用的记忆方式之一），两周后的记忆留存率只有5%。而效果最好的方式是"教授给他人"，两周后的记忆留存率达到了90%。记忆留存率为90%的学习方式的记忆留存效果居然是5%的学习方式的18倍。相较于通过加长学习时长来将学习成绩提升至原来的1.5倍，通过提高学习效率给学习成绩带来的18倍提升效果真的是太诱人了。

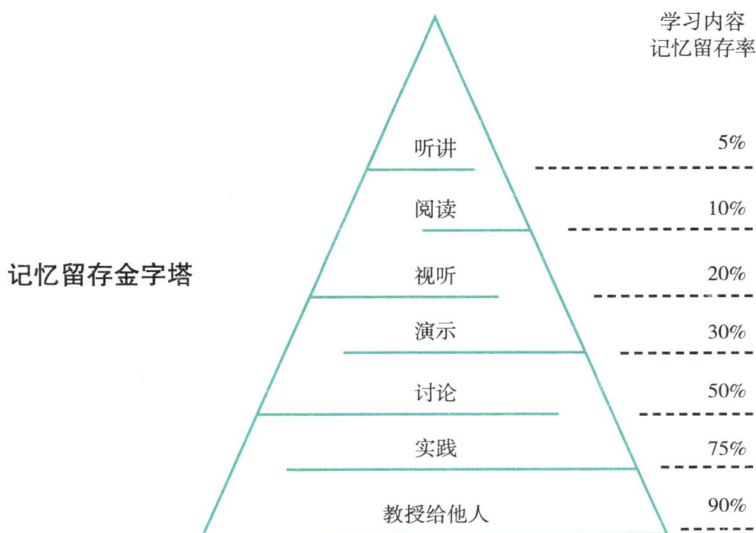

学习内容
记忆留存率

记忆留存金字塔

听讲	5%
阅读	10%
视听	20%
演示	30%
讨论	50%
实践	75%
教授给他人	90%

回到我的逆袭经历，我为什么可以在短短两个月内从班级倒数逆袭到班级前三？答案就是不断提升自己的学习效率。例如，高一那次逆袭的两个月，我每天都会拿出10分钟来整理错题。每周末的第一件事就是复习这一周的所有错题。每月末会重新打开错题本，复习这个月的错题。通过这种符合人类记忆规律的复习节奏，在搞定错题这件事上，我大幅提高了自己的学习效率。再如，为了提高自己的英语成绩，我高中时的每个课间都在背诵英语单词。在其他同学花很多时间做英语阅读题和完形填空的时候，我一直坚信只有增加词汇量才能提升英语成绩，所以很快我的英语学习效率就比以前提高了不少。课间背单词的习惯我一直保持到了高考前，这才有了我高考英语143分的成绩。由此可以看出，学习习惯的微小改变，会使学习效率得到成倍的提升。

　　我对效率的追求不仅帮助我在学生时代取得了更好的成绩，也帮助我在职场有更出色的表现。如果你问我身边的人我最大的优点是什么，我的很多同事和合作伙伴的评价是"效率高"。这是好的学习方式带给我的终身价值，它给我带来更高效的学习效率和更强的工作能力。

　　"为什么我们家孩子每天那么努力，但成绩就是上不去？"这是"九三学长"自媒体账号后台每天都会收到的问题。这个问题的答案其实就藏在"学习成绩=学习时长×学习效率"这个公式里。很多孩子的学习时长很长，但学习效率太低了。很多家长朋友也意识到了这一点。既然如此，如何才能提高孩子的学习效率呢？对这个问题的探索和研究，是我近两年课题研究的核心内容。在我看来，影响孩子学习效率的核心因素有三个，分别是亲子关系、学习开窍程度和学习技巧。

　　互信的亲子关系是提高学习效率的底层逻辑。只有在稳定的亲子关系中成长的孩子，内心才可能充满安全感并拥有稳定的情绪。学习就是一个不断试错的过程，只有内心有安全感的孩子才有勇气不断地犯错、改正并进步。但我们还是很遗憾地看到很多父母和孩子的关系处得很糟糕，这导致孩子不仅情绪不稳定，还逐渐丧失了对学习的兴趣。亲子关系需要家长和孩子一起努力去改善，但最重要的是父母的思维要改变。

学习开窍程度关系到思维层面是否可以得到提升。很多孩子看起来并不讨厌学习，但就是不出成绩，核心问题就是思维层面的懒惰。爱因斯坦说过："持续不断地用同样的方法做同一件事，却期望得到不同的结果，这就是荒谬。"所以想要在思维层面做到学习开窍程度高，一定要拥有三种核心思维，分别是主动性思维、目标思维、效率思维。提高学习开窍程度需要家长和孩子从每天生活的点滴中共同努力。

学习技巧是具体实操层面的努力，包括如何更高效地记忆、如何更高效地复习、如何提升课堂学习效率、如何有效做笔记、如何有效预习等。习得一些高效的学习技巧可以帮助孩子更快地进入学习状态，也可以帮助孩子用更短的时间提高学习效率。但只有思维高度开窍之后，才能理解这些技巧背后的本质。

在本书中，我基于这三个核心影响因素提出了学习能力金字塔模型。其中金字塔底层是关于改善亲子关系、爱上学习和稳定情绪的家长课；金字塔的中间层是关于培养主动性思维、目标思维和效率思维的学习开窍课；金字塔的顶层是关于记忆、绘制导图、理解词汇、抽象、计算、阅读、写作、理解、复习、做笔记等的学习技巧方法课。相信本书可以帮助更多孩子培养高效的学习思维，实现学习效率的提升。

目　录

第一部分
学习
能力
金字塔
破解学习问题的三级能力

第一章　学习能力金字塔是什么？/002

学习能力金字塔 /002

金字塔底层 /006

金字塔中间层 /010

金字塔顶层 /012

第二部分

构建
金字塔
底层

互信的亲子关系是高效学习的底层逻辑

第二章　互信的亲子关系 /016

为什么孩子现在叛逆且不爱学习了？ /016

孩子是汽车还是花园？ /019

如何让孩子爱上父母？ /022

第三章　良性的成长引导 /029

家长给孩子爱学习的三个心理支柱 /029

如何帮孩子发生改变？ /035

让孩子拥有学习的动力 /039

第四章　帮孩子稳定情绪 /048

孩子为什么会焦虑？ /048

父母的哪些行为让孩子焦虑？ /050

让孩子情绪稳定的家庭教育方式 /053

第三部分
夯实
金字塔
中间层
培养让孩子真正开窍、主动学习的三大思维

第五章 培养孩子的主动思维 /062

为什么成绩处于中下游的孩子很难提升？/062
如何培养孩子的主动思维？/065

第六章 培养孩子的目标思维 /076

为什么孩子很努力但不出成绩？/076
为什么学霸学习一直很好？/079
培养孩子目标感的工具：OKR /086

第七章 培养孩子的效率思维 /096

认清优先级，打破"假努力" /096
帮助孩子戒掉拖延症 /101
如何帮助孩子长时间专注学习？/103

第四部分

磨炼 金字塔 顶层

突破高分的学习实操技巧

第八章　提高孩子的记忆能力 /114

哪些低效误区导致孩子记忆慢? /114

记忆速度翻倍的秘诀 /116

如何打破背了就忘的记忆怪圈? /128

考前突击这样记忆 /134

第九章　提高孩子的英语能力 /137

如何规划不同年龄孩子的英语启蒙? /137

高效背单词的方法 /141

如何提升英语听力? /146

英语作文如何拿高分? /149

第十章　提高孩子的数学抽象能力 /152

如何给孩子做数学启蒙? /152

做题总是马虎怎么办？ /155

掌握做题思路，破解为难心理 /163

几何空间想象力差怎么办？ /175

第十一章 提高孩子的阅读能力 /180

阅读理解能力是最重要的 /180

如何培养孩子的阅读兴趣？ /190

培养孩子深度阅读的能力 /194

培养孩子阅读理解的思维 /201

第十二章 提高孩子的写作能力 /205

搭建作文素材库 /205

写作题如何审题立意？ /211

如何写好高中议论文？ /215

附录：艾宾浩斯复习计划表 /225

第一部分

学习能力金字塔

破解学习问题的三级能力

第一章
学习能力金字塔是什么？

学习能力金字塔

　　培养出一个具备学习能力的孩子需要几步？这是我这些年一直研究和思考的问题。

　　很多同学和家长朋友是通过我在自媒体平台分享的各类学习方法认识我的。我主理的自媒体账号"九三学长"在包括抖音、小红书、视频号、快手等多个平台累计有十几亿的浏览量。每天都会有很多孩子和家长朋友在后台留言，表示学习并应用我分享的方法后提高了学习效率。

　　但我还是感到力不从心，因为我越来越感到，只是学会一些学习技巧并不能帮助所有孩子。曾经有个妈妈跟我抱怨，说自己的孩子不喜欢学习。她也试过给孩子看我的视频以及给孩子买我已出版的书，但孩子就是不感兴趣，软硬兼施都不管用。这个孩子的问题出在哪里？这个妈妈跟我抱怨完之后，我一直在思考这个问题。为了解决这个问题，我在2021年开始尝试研究更多关于教育和亲子关系的知识。到写这本书时，我感觉自己开始接触到这个问题的内核。

我在我第一本书《成为学霸：培养高分逆袭的考试脑思维》里尝试给孩子们拆解学习的本质是什么。在那本书里，我把学习的本质总结为"对人性的磨炼"，就是不断地打磨我们身上存在的不符合这个时代要求的"坏基因"——人类从开启工业化到现在的智能化社会也不过用了两百多年，社会发展的速度远远超过了人类基因进化的速度。社会的快速发展要求每个人都要具备越来越多的能力，如专注、自律、理性思考、大规模协作等。而我们的基因还适配着人类祖先在几万年前茹毛饮血的原始社会的生存要求，所以我们总是习惯贪吃、习惯自私，总是擅长用感性思维来理解这个世界。基于人类社会快速发展和人类基因进化速度的不匹配，我提出了"每个人学习的过程就是对人性弱点的磨炼的过程"这一观点。

这个观点现在看来也没错，但对很多孩子的帮助似乎并不大。这是为什么？其原因在于，真正地意识到学习的重要性的孩子只是小部分，更多孩子则在长期错误的学习模式和亲子关系中，彻底丧失了对学习的兴趣。这也是很多父母在孩子身上投入了巨大精力和大笔金钱，但收效甚微的原因。我们只有试图从更底层的教育模式进行优化，才有可能帮助到更多的孩子成功逆袭。很多父母通过亲子辅导、花钱报班、语言威胁、物质诱惑等方式来提高孩子的学习兴趣，但他们忘记了一个重要的事实——能够培养孩子学习能力的唯一动力只有内在驱动力。

如何才能培养孩子的学习动力？我开始不断观察那些有学习动力和学习能力的孩子，慢慢地，我观察到了他们身上的一些共同点。这些共同点有的跟家庭教育相关，如那些学习能力强的孩子往往拥有更加稳定、和谐、公平的亲子关系；他们的情绪更加稳定，不会因为某一次挫折而自暴自弃；他们往往兴趣更加广泛，学习的时候专注学习，玩耍的时候也有广泛的兴趣。不仅孩子自己，他们的父母往往也具备一些共同点，即他们的学识不一定更优秀，但他们更愿意陪孩子一起学习，他们更愿意在家庭中体现出与孩子共同学习的意愿，甚至他们的阅读时间会更长。当然，这些共同点只是观察后的归纳总结。如果我们只是聚焦在这些表象上，还是接触不到问题的本质，不过这些观察结果已经能够给予我们很大启发。

2022年，我开始以家长课程培训的方式来帮助更多中国家庭的父母了解如何培养孩子的学习能力。比起"课程培训"这个叫法，我更愿意把这一次尝试叫作一次大规模的"社会实验"，我想通过真实的家庭反馈来验证我这一套理论的正确性。并且在这个过程中，我开始尝试搭建"学习能力金字塔"。令人开心的是，我发现通过这个金字塔的理论框架，可以帮助越来越多的父母了解到如何培养孩子的学习能力，也让更多的家庭拥有更加和谐的亲子关系。

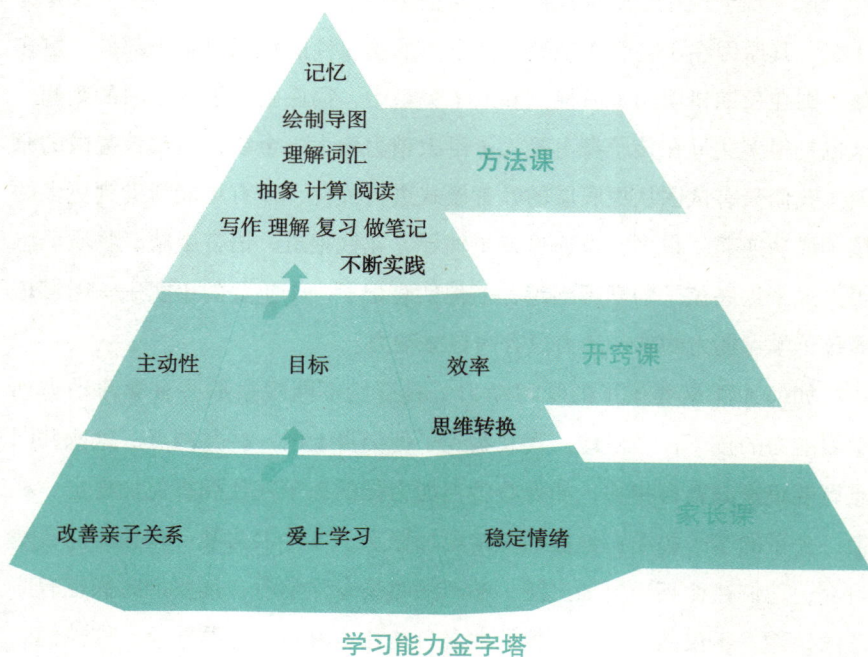

记忆
绘制导图
理解词汇
抽象 计算 阅读
写作 理解 复习 做笔记
不断实践

方法课

主动性　　目标　　效率

开窍课

思维转换

改善亲子关系　　爱上学习　　稳定情绪

家长课

学习能力金字塔

需要跟大家强调的是，这个学习能力金字塔并不只是为了提高孩子的考试成绩，更是为了培养孩子终身学习和进步的能力，因为在这个快速变化的时代，只有拥有终身学习的能力，才能帮助我们始终保持好奇心和竞争力。记得2012年我进入厦门大学经济学院就读后，见过的最令我感到惋惜的事情，就是很多高中时成绩优异的同学到了大学却丧失了学习能力，逐渐开始逃课并出现"挂科"现象。这其实是因为小学和中学时期只是为了考试成绩而学习，到了大学失去了竞争的压力和老师的管教，便不知道为什么要学习了。这也是为什么我在学习能力金字塔最重要的部分，也就是金字塔的底层放了改善亲子关系、爱上学习和稳定情绪这3节家长必修课，反而把很多孩子和家长认为最重要的学习技巧放在了金字塔的顶层。

这个学习能力金字塔具体该怎么用呢？我建议大家把学习能力金字塔的学习过程想象成一次登山的过程。在本书中，你将像一个向挺拔山峰进军的攀登者一样攀登这座学习能力金字塔，而我也会陪伴家长朋友和孩子们从底层开始一点点向上攀登。我们将一起学会改善亲子关系、爱上学习以及稳定情绪的能力。接着到了半山腰，我们会一起学会学习开窍的三种核心思维，即主动性思维、目标思维和效率思维。通过对这三种思维的学习，我们将一起剖析高效学习的本质和如何具备高效学习的能力。最后我们将一起攀登到山巅，看到各式各样的学习技巧，其中既包括框架性记忆能力这种跨学科的学习能力，也包括抽象能力、计算能力、写作能力、阅读能力等跟学科关系紧密的具体能力。

到达山顶不是攀登的结束，而是新的攀登的开始。学习的有趣之处就在这里，这是一个永无止境的过程。古人说"学海无涯苦作舟"，而我则把这个过程称为"学海无涯乐攀登"。每一次到达当前学习中的"舒适区"时，我们更加需要警惕，思考自己是不是陷入了惰性思维。这时我们需要重新从山底开始攀登，不断清空和优化已有的认知和思维。

我特别喜欢的李善友老师曾经打过一个比方：思想也要像身体一样"洗洗澡"。怎么洗呢？他举了一个绝妙的例子：一个大篮子里装满了苹果，有好的有烂的，彻底分离好坏苹果的办法就是把篮子里的所有苹果倒出来，然后把好的苹果一个个放回去。给思想"洗澡"就是要先清空所有思想，然后一一检查，再把好的存进大脑。看来每天不能想当然，要时时检查自己的想法，择优而存。这个"洗苹果理论"其实来自法国哲学家笛卡儿，他的这种方法在哲学上被称作"普遍怀疑"。这种哲学思考方式也是所有想要培养出一个优秀孩子的父母需要具备的。当发现当前教育孩子的方式效果很差时，我们唯一能做的就是改变现有的模式。

所以从现在开始，我们一起开启这趟"学习能力金字塔"的攀登之旅。希望所有大朋友和小朋友在完成本书的阅读后，还会不断地翻开本书，不断提升对各章节内容的理解。最后，我建议父母和孩子一起阅读本书，千万不要父母买回家直接扔给孩子自己看——好的家庭教育，需要家里的每一位成员参与，缺一不可！

金字塔底层

"你认为要培养出一个有学习能力的孩子，最重要的一步是什么？"这是我问过很多家长朋友的问题。很多家长朋友会有以下几个答案：是孩子爱上学习，是孩子有学习动力，是孩子掌握了好的学习方法，是孩子学习开窍，等等。这几个答案基本涵盖了家长朋友们认为培养孩子的几个关键因素。可惜的是，我没有看到一个家长给我的答案中涉及父母应该做什么。

所以我往往会问这些家长朋友："那你觉得父母在孩子的学习过程中应该承担什么责任呢？"这时候大部分父母会长长地叹一口气，然后跟我抱怨："我为我们家孩子付出很多了""我为了我们家孩子都辞职做了全职妈妈，天天陪着他做作业""你是不知道我为了他的学习花了多少钱，买各种电子设备，报各种兴趣班"……但往往给出这些答案的家庭的孩子，在学习成绩上的表现并不是那么好。问题出在哪里？这是我在金字塔的底层要竭力分析和解决的问题。

《父母的语言：3000万词汇塑造更强大的学习型大脑》中有一组科研数据：3岁时，脑力劳动者家庭的孩子累计听到的单词量达到了4500万个，而接受福利救济家庭的孩子听到的只有1300万个，两者相差3200万个单词。此外，脑力劳动者家庭的孩子掌握的词汇量为1116个单词，而接受福利救济家庭的孩子掌握的只有525个，相差591个单词。这组数据给我的启发并不是家境对孩子启蒙的影响，而是亲子关系对孩子学习能力的影响。换句话说，好的亲子关系真的可以让一个孩子赢在起跑线上。

在亲子关系健康的家庭里，孩子喜欢跟父母分享自己在学校生活中发生的趣事，共进晚餐时父母也愿意跟孩子讨论各种有趣的话题。而在亲子关系糟糕的家庭里，有的孩子会惧怕跟父母交流，有的孩子则会因被溺爱而沉迷电子产品。在每天不同的相处方式中，孩子的阅读能力、表达能力、抽象思维能力等经历着不同程度的提升或者压制。可以说，孩子在早期接受学习启蒙时，家长的不同教育方式决定了孩子对待学习的不同态度。

我学生时代最感谢的人是我的妈妈。她是一个普通的企业会计，但她的教育方式让我受益终生。她始终以朋友的心态来跟我相处，所以我也可以用与朋友相处的心态和她交流任何事情，跟她分享我所经历的欢乐和痛苦。妈妈的教育方式让我逐渐拥有了安全感和对学习的兴趣。学生时代，让父母为我骄傲是始终支撑着我的动力。一言以蔽之，我自己就是一个健康亲子关系的受益者。

糟糕的亲子关系就像一个随时都可能爆炸的地雷。我初中时有一个关系很好的朋友，他在小学时成绩优异，即使到了初一他依然能考到班级前三。他的爸爸是一名医生，妈妈是我们学校的老师，他的家庭可以说是我们那里的高知家庭。可他的父母一直在用强压的教育方式管他，导致他到了青春期之后非常叛逆。他开始迷恋用早恋、逃课等看起来很"酷"的方式反抗他的父母。整个初中时期，他与父母的关系都非常紧张，他极度厌恶学习，中考结束就去了一所职业高中。前几年回烟台过年时我跟他聚了聚，很高兴地知道了他这几年开始反思学生时代的所作所为，并且开始认真对待自己喜欢的事业。他跟父母的关系逐渐缓和，也会在朋友圈分享一家人的合照。为他的改变开心的同时，我也常常在想，如果他在学生时代与父母关系融洽，他的人生是不是就会少走很多弯路？

家长在教育过程中可以做什么，不可以做什么呢？在学习能力金字塔的底层，我划分了三个核心章节，分别是改善亲子关系、爱上学习和稳定情绪。为什么是这三种能力构成了金字塔的底层？因为孩子就像一艘快速行驶着的小船，他会在学生时代经历或多或少的风浪和挑战。健康的亲子关系会让这艘小船感到安全。他知道自己在累了、崩溃了的时候，身后永远有一个避风港。只有这样，这艘小船才有可能不惧怕风险，开始扬帆起航。爱上学习会让这艘小船拥有前进的动力。这个动力的来源不是外界的推动，而是来自内在的驱动力——源源不断地给予他前进的动力。稳定的情绪就像一个随时待命的维修工，在孩子遇到学习的挑战和生活的困难时，它可以对情绪起到检修作用，这样就不至于让孩子崩溃，孩子因此可以始终扬帆向前。

如果您在教育孩子的过程中有过类似以下这些疑惑，那就需要和孩子一起学习金字塔底层的三种能力。

· 为什么孩子总是叛逆、不听话？

· 为什么盯着孩子学习完全没用？

· 为什么孩子会恨自己的父母？

· 好的培养孩子的方式是什么？

· 如何让孩子爱上父母？

在第二章"互信的亲子关系"中，我想帮助父母和孩子逐渐建立起互相信任的关系。家庭一定是所有孩子最后的避风港，如果一个孩子没有办法从父母那里获得无条件的爱，他就会倾向于通过叛逆或者拒绝学习的方式来逃避责任。学习的过程就是一个不断犯错—学习—改进的过程，如果一个孩子缺少犯错的勇气，又何谈高效地学习呢？很多时候，孩子的叛逆往往是错误的教育方式导致的。我们常说父母就是孩子的一面镜子。很多父母自己就厌恶学习，每天回家后都在玩手机和抱怨生活，那孩子往往也很难爱上学习。如果您希望与孩子建立起互相信任、互相依赖的关系，这一章一定要重点看。

在第三章"良性的成长引导"中，我会分享帮助孩子爱上学习的三个心理支柱，以及给出搭建好这三个支柱的方法。这几年我在研究学习力的过程中逐渐意识到，"大多数孩子对知识和外界都是好奇的，只是在长期的学习过程中被错误的教育方式扼杀了学习兴趣"。想要成功帮助孩子爱上学习，父母必须利用好孩子对真善美的追求，要把孩子当作"完人"来对待。所谓"完人"，就是每个人内心深处都是完美的人。

在第四章"帮孩子稳定情绪"中，我会帮助父母摒弃那些让孩子处在情绪焦虑状态的习惯。我观察到，那些容易情绪崩溃的孩子，背后往往都有非常容易焦虑的父母。父母的焦虑情绪很容易传导给孩子，因此孩子面对学习压力时就非常容易崩溃。只有情绪稳定的孩子才可能长时间保持较高的学习效率，情绪不稳定的孩子，一个小小的挫折就可能让他崩溃到拒绝学习。

很多时候，孩子的学习问题是出在家长身上，而不是出在孩子身上。这是我们在金字塔底层要去解决的核心问题。就像我们一个学员家长在听完亲子课之后感叹的那样："原来我一直在用这么多错误的方式教育我的孩子。"

金字塔中间层

"成绩处于中下游的孩子其实是最容易实现逆袭的，只要他能够突破自己思维上的桎梏。"这是我曾经下过的一个结论。这句看似鸡汤的话，反复在我们很多学员的身上得到验证。我们经常看到很多班级里成绩处于中下游的孩子，每天都非常努力认真地完成老师安排的学习任务，每天挑灯完成繁重的作业，但成绩始终没办法得到有效提升。你说这些孩子的问题是因为获取的知识太少了吗？如果一直这么归因，是很难真正诊断出这些孩子实际面临的学习困境的。这些孩子的成绩始终没办法得到有效提升，主要原因是学习思维上的局限。

我们在这些孩子的学习过程中会看到这几个高频出现的现象：

· 认为自己的智商就处于中下游，永远不可能考出很高的分数。

（1）

· 因为讨厌某一个任课老师，从而讨厌这个学科。　　　（1）

· 埋怨老师布置了太多作业，从来不观察学霸的学习方法。　（1）

· 把考试当成学习的终点，一次考试没考好会长时间影响心态，耽误学习。

（2）

· 把完成作业当成学习本身，困在作业里，没时间安排复习和预习。

（2）

·平时上课就埋头苦抄笔记，但老师讲了什么完全不知道。　（3）

·写作业时经常犯拖延症，看着作业就不想去做。　（3）

·很难坚持学习超过 1 小时，容易在学习时走神。　（3）

　　每个问题之后我都标注了对应的序号，每个序号代表的都是一种核心的学习思维。如果孩子没办法拥有这些学习思维，就很难成为一个高效率的学习高手。

　　序号（1）的问题背后是主动性思维的缺失。所有讨厌学习的孩子心里都有一道防线，我们必须识别这道防线并且用主动性思维去打破它。例如，有的同学因为喜欢或者不喜欢某个任课老师，导致各学科的成绩天差地别。在喜欢的老师的课上表现得特别好，成绩也很优异；而对不喜欢的老师，有时候可能都说不出来不喜欢的原因，但就是非常排斥他，导致相应学科的成绩一落千丈。我们需要通过帮孩子建立"积极的思考清单"，从而帮助他一步一步拥有积极主动的能力。这也是本书第五章着重讲解的内容。

　　序号（2）的问题背后是目标思维的缺失。我见过很多孩子每天非常努力地学习，但成绩一直没有起色。父母可能会以为是孩子智商不够高，其实这些孩子只是犯了"假努力"的毛病。当孩子对学习没有目标感时，他就会完全跟着老师布置的任务走。每天花很多时间写作业和勤勤恳恳地做题，但从来没有思考过自己的效率高不高，自己在做的事情是否真的有助于掌握更多知识。对这类孩子，我们必须帮他们搭建起目标思维，让他们先知道学习的终极目标是什么，再回头安排自己每天的学习内容。本书第六章的核心目标正是帮助孩子们理解学习的目标，从而打破"假努力"的状态。

　　序号（3）的问题背后是效率思维的缺失。很多孩子在学习过程中总是容易拖延，明明该写作业了，却在看电视或玩手机。总是拖延的根本原因不是缺乏自律能力，而是缺少了制订优先级和拆解任务的能力，所以我们需要帮助孩子学会以周为单位制订属于自己的计划表。只有学会列计划，孩子才能学会长时间地专注学习。

在金字塔的中间层，我将分享三种核心的学习思维，这三种思维也被我统称为"学习开窍思维"。我认为，经过这个学习开窍的过程，孩子会感觉到有一层窗户纸被捅破了。很多孩子学习了十几年，却没有意识到自己成绩差并不是因为自己笨，而是因为缺乏高效率学习的思维能力。

金字塔顶层

每个学科的学习都是有技巧的，但很少有老师会教给孩子这些技巧。这些技巧包括如何更高效地背诵、如何理解数学学习中的数学语言以及如何提升孩子语言学习的能力和语感等。这些技巧也是我这些年在我的自媒体账号上分享的核心内容。

有些孩子背诵知识的速度特别慢，有没有好的方法可以提高他们的记忆速度呢？当然有！比如记忆文科内容可以采用精细化复述法，考前记忆可以使用费曼学习法。这些学习方法经过了很多同学的验证，并且得到了心理学和生物学上理论研究的支持。学会好的学习技巧对孩子提升学习能力至关重要。

我们经常看到很多孩子有偏科的问题。有的孩子语文、英语学得很好，但一遇到数理化就完全不知道该如何下手。之所以会出现这种现象，是因为理科的学习技巧和文科的学习技巧是截然不同的。文科学习考验的是孩子是否拥有足够好的记忆能力，是否拥有好的感性思维来理解每一篇文章。而理科学习需要孩子理解理科的语言体系，学会拆解已知量和未知量，并且学会归纳总结。

还有很多孩子学习语文时总是找不到方向，这主要是语感缺失导致的。英语和语文一样，到最后拼的就是语感，即看到一篇阅读文章或者看到一首古诗词，能否感受到文章的美感。所以我会在第十一章分享如何提升语感和感受到文章的美。

本书的第八章至第十二章，我将为孩子们介绍提高记忆能力、提高英语能力、提高数学抽象能力、提高阅读能力、提高写作能力的方法。这些方法既是我自己当年使用的，也为数百位学员所用，相信能够帮助更多的孩子提高学习成绩。

第二部分

构建
金字塔
底层

互信的亲子关系是高效学习的底层逻辑

第二章
互信的亲子关系

为什么孩子现在叛逆且不爱学习了？

　　为什么很多孩子会在小学高年级或者初中突然出现叛逆和不想学习的情况？这是很多父母经常咨询我的问题。之前我在直播间与一个妈妈连麦，她说自己的孩子一直不肯学习，一学习就走神。她经常在家里看着孩子写作业，而孩子总会把她搞得非常生气。我问她："那每次在孩子不好好学习的时候，你都是怎么处理的？"这个妈妈说了这样一句话："再不好好学习，我就不要你了！"

　　现代教育界有一个共识，即"孩子的成绩从3岁开始会因为父母的教育方式不同而产生巨大差距"。也就是说，孩子不爱学习往往是由于糟糕的亲子关系所导致的。事实上，糟糕的亲子关系对孩子学习的影响往往不直接体现在成绩上，而是体现在孩子对学习的态度上。学习是一个不断试错的过程，一个不敢面对挫折、不敢面对挑战的孩子是很难在学习上表现优异的。这就解释了为什么很多父母为了孩子的学习花费了大量时间和金钱，报了很多补习班却收效甚微。事实上，这些孩子真正缺的并不是填充多少知识，而是如何正确面对学习这件事情。我们把这种情况称为错误的学习心态。

我们在教育实践中往往会看到四类错误的学习心态。

1.懦弱型。有这类心态的孩子没有自信，不会管理自己的时间，也不相信自己能够取得好成绩。他们从小就惧怕挑战，更害怕失败，所以面对学习经常表现出严重的拖延现象。

2.依赖型。有这类心态的孩子有一种典型的情况，即成绩没提升、考试没考好会一直找外在原因，比如来自试卷、老师、同学，甚至爸妈的影响。他们会抱怨老师布置的作业太多、试卷太难，抱怨身边的同学影响了自己的学习，却从来不会自省，反思自己做错了什么。

3.无聊型。有这类心态的孩子会觉得学习很无聊，认为学习就是为了爸妈或者老师，或者为了拿小红花、高考成绩等。很多小学成绩还不错，到了初中成绩突然一落千丈的孩子可能就是这个类型。

4.欺骗型。有这类心态的孩子总是在做无用功或者"假努力"，表面上看每天花了很多时间努力学习，但其实都是在做没有意义的事情来欺骗自己和父母。

我们对孩子的学习心态进行分类，并不是为了责怪他们，而是要帮助更多父母认识到"每一个不爱学习的孩子都是错误的教育方式所致"的事实。孩子错误的学习心态大多源于原生家庭的教育方式。对应前面提到的四类错误的学习心态，有四种常见的教育方式：

1.懦弱型孩子——控制型父母。"我数三下，你再不做……我就要……"这是很多父母跟孩子沟通时的口头禅。父母期望孩子的所有行为都符合自己的预期，所以会通过威胁来控制孩子的行为。这就是控制型父母的典型特征。长期的高压控制会导致孩子丧失自主决策的能力，不仅不会安排自己的学习，而且十分惧怕失败。比较严重的孩子还会产生两种极端的情绪，一种是极端叛逆和暴躁，另一种是自卑和懦弱。孩子丧失了对学习的自信心，成绩自然很难有所提高。很多青春期特别叛逆的孩子，就是童年受到父母高压控制导致的。

2.依赖型孩子——放任型父母。放任型父母常说："孩子做什么都对，不能要求太多。"他们拒绝引导孩子正确成长，并且表现出溺爱和放纵。很多爷爷奶奶在带孩子的时候也会过度宠溺孩子，导致孩子一方面很难对自己做的事情负责，另一方面犯错之后又会很依赖于父母长辈。所以无论孩子在学习过程中犯了什么错误，他都会本能地寻找外在原因。学习本身就是一个犯错并且改进的过程，可依赖型孩子只会看到别人的问题，进步自然就会很慢。

放任孩子的情绪会导致孩子长大后缺少团队归属感，犯错后非常依赖于其他人，总是不能从自己身上找原因。校园里很多"小霸王"的出现就是父母的放纵导致的。

3.无聊型孩子——贿赂型父母。随着时代的进步，父母使用暴力打骂孩子的现象越来越少，可使用物质来贿赂孩子的现象越来越多。比如："你考试考得好，爸爸给你买自行车。""别哭了，妈妈给你买你喜欢的球鞋。"……贿赂型的父母长期通过物质诱惑来达到使孩子听话的目的。通过物质的激励来提升孩子的学习动力，这种做法从短期来看是很有效的教育方式，但从长期来看，其对孩子学习的影响可能是毁灭性的。贿赂型的教育方式导致孩子全部的学习动力都来自外界，来自其他人给予的肯定，他们并没有体会到知识带来的乐趣。一旦考试失败，这种外界动力消失，孩子就会陷入学习很无聊的困境。

我初中时有一个非常要好的朋友，他是那种爸妈从小管教得很严而且学习也很好的类型。我记得很清楚，我们初一时的第一次期中考试，我在全班排名倒数，而他在全班排名第三。他本来是一个基础扎实的学生，但是由于他的父母长期通过物质诱惑来督促他学习，导致他在初二时觉得学习很无趣。再加上青春期的影响，他开始逃课、去网吧和恋爱，试图从这些行为中寻找内心的满足。结果，他的成绩一落千丈，最后连高中都没有考上。

4.欺骗型孩子——惩罚型父母。在很多父母的潜意识里，帮助孩子戒掉一个坏习惯的最佳方式是通过惩罚让他长记性。毋庸置疑，通过惩罚孩子形成的消极反馈可以帮助孩子意识到自己的错误行为，但我们会观察到很多父母习惯于用消极结果来惩罚孩子，而不是直接结果。所谓"消极结果惩罚"，是指通过一件与孩子犯错无关的事情来惩罚孩子；所谓"直接结果惩罚"，则是指针对孩子做错的事情直接导致的结果进行惩罚。比如，"你晚上看动画片耽误了吃饭，晚上没有饭吃了"，这是做错事情的直接结果。"你做错了一道题，晚上不可以看动画片"，这是一种消极结果。

很多时候孩子会对父母的惩罚感到困惑。"为什么我考试没考好就不能看自己喜欢的漫画书了？""为什么我做错了题，就不能像以前一样看动画片了？"……用消极结果惩罚孩子会导致孩子逐渐用欺骗的方式来跟爸妈相处，因为他没有办法承担犯错的后果。孩子面对所犯的错误，不是想着如何去改进和弥补，而是学会了用撒谎去避免惩罚。

通过分析孩子常见的四类错误的学习态度以及背后对应的亲子关系，我希望能帮助更多家庭意识到：糟糕的亲子关系是导致孩子学习能力下降的"罪魁祸首"。

孩子是汽车还是花园？

在上一小节中，我们已经了解了影响孩子学习的四类心态。在给出解决方案之前，我想先通过一个问题来探讨孩子的本质属性："孩子是汽车还是花园？"如果不能正确回答这个问题，我们就无法从本质上培养孩子的学习能力和好奇心。然而，很多家长不懂这个问题是什么意思，他们问我什么是花园，什么是汽车。

汽车，就是把孩子看成一台考试的机器，轮子（数学）坏了修轮子，发动机（语文）坏了修发动机。我们都知道汽车是工业时代的产物，工业时代的标志之一就是大工厂的流水线作业。每个工人负责汽车的不同部分，把这些零件拼凑到一起形成一辆汽车。如果汽车出现故障，只需要检测出具体出现问题的零部件，然后修补或者更换就万事大吉了。

花园，就是把孩子看成一个富有生命力的个体，拥有自己的成长动力，只需要阳光（爱）、雨露（关心）、空气（空间）就能茁壮成长。种植过花草的朋友一定知道，每一株植物都有它自己的生长轨迹。我们没办法控制花园里每一棵花草的生长方向。我们能做的只有给它们足够的阳光、雨露、空气，各种花草就有自己向上生长的欲望和原始动力。

"你觉得孩子是汽车还是花园？"在我解释完汽车和花园的定义之后，很多家长会脱口而出："我当然会把我的孩子看成一个花园！"他们见我的表情中带有怀疑，往往会补充一句："我怎么会把我家孩子看成冷冰冰的机器呢？"这时我会反问一句："那你为什么会盯着孩子做作业？"

很多家长从孩子上学后就盯着他写作业，就像工程师盯着汽车的维修一样，而且一盯就从小学盯到了高中。可怕的是，这些孩子一旦没有了家长的监督，可能根本就没有了学习的动力。这也导致了一个现象，就是很多家长一盯孩子写作业就火冒三丈，因为家长在潜意识里认为孩子就是一辆汽车，他不应该犯错，他应该永远正常地奔驰在公路上。

我们往往以为把孩子当成了一个独立的、有自尊的个体，但潜意识里还是把孩子看成了一辆汽车。看到孩子数学学得不好，就像看到汽车的轮胎破了一样，想方设法地报补习班或者强迫孩子刷题来补上这个破洞。我们看待孩子的学习就像盯着汽车的仪表盘一样，看到任何指标出现了惊叹号，就想着要如何把问题扼杀在摇篮里。但我们不能把孩子切割成各种指标，然后拼凑到一起，因为这种做法不仅不利于培养孩子对学习的好奇心，还会导致亲子关系的不断僵化。你想想自己学开车的时候，教练坐在你旁边天天骂你，有助于你学开车吗？你肯定越学越没有信心，最后干脆不学了。这也是为什么在具体给出引导孩子爱上学习的方案前，我首先要跟大家达成一个共识——我们要把孩子当成一个生机勃勃的花园来看。

那么，如何把孩子看成花园？我希望家长朋友跟我一起想象这样一个画面：在一个鸟语声声的花园里，有娇艳欲滴的花，也有挂着露珠反射出太阳光线的树。每一朵花和每一棵树都在努力向上生长，去汲取更多的阳光和氧气。当然，花园里也有不知名的野草，它们可能是某只小鸟带来的野生物种，也可能是某株绿草的变异结果。虽然它们看起来与这个花园格格不入，但也彰显着生命的自然进化法则——遗传、变异、选择。是的，把孩子看成花园，就是要遵循遗传、变异、选择这个亘古不变的自然进化法则。

无论是中国的女娲造人还是西方的上帝造人，人类一直相信自己是比世间万物更加高级的存在。直到达尔文提出自然选择和进化论，人类才意识到自己是从猿猴进化而来的。即使再往前追溯亿万年，我们也只不过是只能通过细胞膜感知世界的单细胞生物。那么，单细胞生物是如何逐步演化成为智慧生物的呢？简单地说，就是通过生物不断地遗传、变异、选择。

遗传是生物繁殖过程中最常见的现象之一。为什么孩子总是很像父母？这是因为在生物繁殖的过程中，基因实现了生物特征的代际遗传。但孩子无论是在外貌上还是性格上，多多少少总是会跟父母有所不同，这是因为每个个体的基因都存在变异。要注意，生物的基因变异并没有明确的方向，所有的变异都是随机的、无序的。无论是通过遗传保存下来的特征，还是通过基因变异发生变化的特征，都会经历自然选择这把剪刀。那些适应环境，更有利于生物生存的特征会在长期的生物进化过程中保留下来，而那些不利于生物生存的特征则会被自然选择淘汰。

我之所以要分享这个生物进化的机制，是因为想让大家认识到，我们对待孩子的学习也应该如此。父母需要扮演自然选择的角色，观察孩子的行为，并帮助孩子继承优秀品质，摒弃不良习惯。此外，我们要相信每个孩子都会存在或多或少的"变异行为"，这是无法避免的。所谓"变异行为"，就是我们无法理解、不符合我们预期的行为。我们只能观察和引导孩子的发展。当我们意识到每个孩子都是一个生命时，我们就不会对孩子的变异行为如临大敌，而是尊重孩子不符合我们期待的所有变异行为，并且通过引导来帮助他成长。

简而言之，当我们把孩子当作汽车，我们就会盯着孩子坏掉的每一个零部件，并且认为只要修好了该零部件，就可以帮助孩子变得完好如初。当我们把孩子当作花园，我们会观察孩子作为一个生命整体的发展情况，尊重孩子出现的每一个遗传或者变异的行为，并且通过自然选择来引导孩子朝着更健康的方向发展。

如何让孩子爱上父母？

我分享过一个非常重要的概念：学习是一个不断犯错并探索的过程，因为只有不断犯错，才能不断进步。但如果一个孩子在学习过程中缺乏安全感，他就会不敢去犯错，也难以在学习上取得不错的成绩。因此，大部分能够成为学霸的同学，都与父母之间有着很健康的亲子关系。然而，困扰很多父母的问题是："我不知道如何与孩子相处""我家孩子太淘气了，我总是很难控制我的情绪""每次只有我冲他发火了，他才会听话"……那么，如何培养孩子与父母之间良好的亲子关系，如何让孩子听父母的话呢？我们可以试试"情感引导"。

"情感引导"是畅销书《你就是孩子最好的玩具》（作者金伯莉·布雷恩）中重点讲解的一种培养孩子的方式。其中包括两条基本原则：第一，我们要以"共情"为出发点，对对方的情感要表现出同情和支持，一定不能表现出否定、轻蔑的态度，即便是流露出怀疑的表情也不可以。第二，我们要充分调动对方的积极性，而不能用外在奖励来引导，也不能用惩罚、威胁来纠正对方的行为。

书中举了个例子：当妈妈在打电话时，孩子却在一旁大声吵闹，这时你应该把孩子独自关在房间里，还是给他零食和糖果来诱导他安静下来呢？其实这两种方法都是不对的，书中建议我们使用话语中的情感引导来让孩子变成我们期待的样子。情感引导与我们在上一节分享的"把孩子看成一个花园"的逻辑极其一致。我们需要把孩子看成一个完整的个体，通过共情来引导孩子的成长方向。具体要怎么做？主要有三个步骤，我们称之为"情感引导三步法"。

情感引导第一步：给孩子种下健康的种子

情感引导的第一步是很多父母在家庭教育中经常忽视的，就是告诉孩子什么是对的，什么是不对的，并且要给出具体的目标和切实可行的行动要求。很多父母经常会跟孩子说"你要乖一点"，这其实就是一个错误的引导，因为孩子很难理解"乖"代表的是什么。别说孩子了，如果领导跟我们说"你要敬业一点"，我们其实也很难理解具体应该去做什么。应该加更多的班吗？应该更早到公司吗？应该更快地完成工作吗？所以当父母跟孩子说"你要乖一点"时，孩子也会有相似的困惑。

这也解释了为什么很多时候父母跟孩子讲道理，感觉自己已经讲得很明白了，但孩子一转身又我行我素——孩子并没有真的理解父母想要的是什么。举一个很常见的例子，现在很多孩子会在吃饭的时候看手机，遇到这种情况，父母往往会对孩子说："你要是再在吃饭的时候看手机，我就把你的手机没收了。"这种威胁式的表述方式，虽然短期内会震慑住孩子，但并没有真的在引导孩子做正确的事情。不妨试着换成这种表达方式："宝贝，吃饭的时候咱不能看手机，会对肠胃不好，咱们要认真吃饭，跟爸妈聊聊天。"大家可以试着读一读这两种表述方式，并且换位思考一下，如果你是孩子，听到这两种表达之后各有什么感受。

给孩子种下健康的种子，首先需要摒弃几种常见的教育方式，也就是本章第一节讲过的控制型、放任型、贿赂型和惩罚型。控制型的父母在给孩子行动指令的时候会注重行为而忽略原因，也就是只告诉孩子要做什么，但不告诉孩子为什么要这么做。放任型的父母往往不会给出具体的指令和原因，而是放任孩子的所作所为。贿赂型的父母会通过给好处的方式来诱惑孩子做出行动，但忽视了告诉孩子做这件事情本身的意义。惩罚型的父母会通过消极的惩罚来逼迫孩子达到自己的要求，同样不会给出做这件事的积极理由。

正确地给孩子种下健康的种子的指令公式为：你的错误行为+这样做有什么坏处+你应该做的正确的行为是什么+这样做有什么好处。比如，孩子写作业总是拖拖拉拉，你可以这样说："宝贝，写作业的时候不能总是走神，因为这样会让你成为一个不自律的人。写作业的时候就专注地写作业，写完作业再玩耍，这样你就是一个自律的孩子了。"

注意，我在这句话的表述里频繁用到了"自律"这个词。自律是情感引导里的正向词汇之一，通过使用正向词汇，孩子会建立起正向的行为方式。常见的正向词汇还有"乐观""友爱""正直""勇敢""好学""坚毅""诚实"等。这些词就像种子一样，植根于孩子的内心，随着孩子的成长而生根、发芽。孩子从小接触的正向词汇越多，就越容易养成好的习惯。因此，在情感引导的第一步，应该有意识地多跟孩子说正向的词汇，以帮助他们更好地养成良好的习惯。

情感引导第二步：不断观察和回应情绪

情感引导的第二步是不断观察和对孩子的情绪做出回应。很多孩子在接受家长给出的具体指令之后，并不会直接去完成父母要求做的事，而是在情绪上产生波动。这时父母需要停下来，先观察孩子的情绪变化，不要急着批评或指责。

比如，前段时间我参加了一个朋友聚会，几个朋友都带着自己的孩子。其中两个小男孩不知道因为什么发生了冲突，开始大喊大叫。几位家长听到孩子的争吵声后，纷纷跑过去了解情况。其中一位妈妈对正在生气的孩子说了一句"你再不乖，妈妈再也不带你出来玩了"。听到这句话后，孩子不仅没有停止吵闹，反而更大声地跟妈妈吵了起来。

类似情况其实在孩子的学习过程中经常会发生。孩子因为有情绪而不想去学习，如果父母只是给出了消极的批评，并不能真的引导孩子开始行动。其实很多妈妈能理解这种感受，比如你跟老公吵架，他却一直跟你讲道理，你其实会更生气。很多时候父母跟孩子的矛盾也是这样，孩子已经失控了，你还在不停地输出道理，这样只会让彼此更生气。

这时我们需要停止说教，去观察和回应孩子的情绪。所谓"观察"，就是抑制住批评孩子的冲动，做到耐心地倾听和观察孩子的情绪变化，比如孩子当前是沮丧还是恐惧，是伤心还是生气。观察到孩子的情绪变化之后，我们需要通过语言回应孩子的情绪。比如，面对那个生气的小男孩，当妈妈意识到这个孩子正在生气时，可以跟孩子说："妈妈能够理解你，你现在很生气，是吗？"而在面对孩子不愿意学习的时候，妈妈可以说："妈妈能够理解你的拖延，你现在不愿意学习，是吗？"

对孩子的情绪做出回应具有显著的好处。首先，通过回应孩子的情绪，孩子会真正冷静下来。很多时候，父母越跟孩子争吵，孩子会越叛逆。而被理解和同情才会让人真正平静和恢复理智。其次，父母通过长期回应孩子的情绪，孩子会逐渐学会表达自己的感受。一定要让孩子学会表达感受，很多叛逆的孩子就是因为没办法表达出自己的感受，所以只能通过情绪或者行为上的暴力来发泄。

情感引导第三步：引导孩子解决问题

在经历了第二步之后，孩子的情绪基本稳定下来了。这时，我们就可以跟孩子心平气和地解决问题了。孩子在成长过程中一定会遇到各种各样的难题，做错事情并不可怕，可怕的是孩子丧失了解决问题的能力。所以当孩子情绪稳定之后，我们要做的也不是直接给出解决方案，而是问问孩子这个问题应该如何解决，如果孩子做对了，一定要鼓励他。具体应该如何引导孩子，我希望以我曾经辅导过的一个朋友家的孩子为例来说明。

这是一个7岁的男孩，刚上小学二年级。我们就叫他明明吧。孩子的父母说这个孩子挺聪明，但写作业时总是拖拖拉拉的。他明明能在1小时内写完作业，但总是拖到晚上11点还没完成。孩子的父母希望我能指导他们引导孩子克服这个问题。

第一天我去孩子家，他刚放学回来写作业，不到5分钟就坐不住了，想去看电视。我问他："明明，你知道什么是耐心吗？耐心就是我们可以多做5分钟的作业，再去做其他事情。"这句话就是情感引导的第一步，通过正向词汇给孩子种下健康的种子。孩子听到我的话后，想了想便坐了下来，又坚持了5分钟，后来还是忍不住去看电视了。我没有继续管他，因为我知道，虽然他只是多坚持了5分钟，但我已经在他的心里种下了种子。

第二天，这个孩子回家写作业，仅坚持了10分钟便放弃了。虽然10分钟还是非常短，但已经比最初多坚持了整整一倍的时间。这就是在孩子心里种下种子的魔力。于是我开始进行情感引导的第二步。我问他："明明，你感觉坐着浑身难受是吗？"他说："嗯，学习很无聊。"这一步是为了观察和回应孩子的情绪。我没有直接批评他，因为我知道批评只会激化我和他之间的矛盾。相反，通过对他情感的共鸣，他会相信我是理解他的，是值得信赖的。我接着说："我能感觉到学习很无聊，但你有没有感觉到自己多坚持这5分钟的成就感？"他想了想，说："好像是有一点。"到这时，我们就可以进行情感引导的第三步了，引导他解决写作业磨蹭的问题。

孩子写作业总是出现磨蹭的问题，其实本质上是因为孩子对写作业这件事情心存恐惧。心理学上对拖延症的造成机制有一个解释：当自己对表现有过高期望时，往往会陷入拖延症之中。很多孩子写作业拖拖拉拉，其实是因为害怕遇到难题，害怕犯错。那么应该如何引导孩子呢？我对他说："其实在开始写作业前，你不需要太担心会犯错，也不必定下过多的作业计划，只需要准备开始做一道题就好。"只做一道题对孩子来说没有太大的心理负担，但一旦开始了第一道题，他通常能坚持更久。接着我又对他说："你的耐心已经非常好了，从今天起，我们每天都多坚持5分钟，那么我们就会变得非常优秀。"通过一周的情感引导，这个孩子写作业的时间从最开始的5分钟提升到10分钟，后来能坚持半小时都不走神。

情感引导三步法不仅适用于孩子的学习过程，也适用于孩子成长过程中遇到的所有问题。与使用批评指责的方式相比，情感引导可以让孩子更信任父母，并更容易实现引导孩子的目的，帮助孩子养成好的习惯，使之意识到如何成为一个更优秀的孩子。

第三章
良性的成长引导

家长给孩子爱学习的三个心理支柱

为什么很多孩子到了青春期会很叛逆？为什么很多孩子会突然不想学习了？

我前段时间看了一部很火的电视剧《小欢喜》，里面有一个成绩非常好的女孩，她叫英子。英子的妈妈是很厉害的物理老师。作为一位优秀教师，她的期待是英子能考上清华或北大，所以她对英子的所有生活细节都管得非常严。英子也很争气，基本每次考试都是全年级的前几名。可在高三的下半学年，矛盾发生了。英子一直很喜欢天文学，所以想去南京大学的天文系。而妈妈不希望她离开北京，于是通过各种极端手段迫使她报考清华或北大，最后把英子逼到了崩溃的边缘，在高中最后一学期成绩一落千丈。

很多孩子之所以不喜欢学习，其实跟《小欢喜》里的英子一样，是因为缺乏安全感。他们害怕因为自己在学习中犯了错，父母就不会爱他们了。学习是一个需要不断试错的过程，没有人能始终保持最佳状态。学习过程中总会遇到不会的题，总会有学不会、搞不懂的难点，总会有发挥失常的考试。所以换句话说，学习最终比拼的就是孩子在面对困难时，是否拥有足够的勇气去面对和解决它。所谓学霸并不是一直保持班级第一的名次，而是在面对学习的困难时，总是能够勇敢地去分析问题和解决问题。

父母是孩子学生时代安全感的最终来源。"如果我这次没考好，我的父母会不会不爱我了？""如果我没办法考到班级前三，我的父母是不是会感到失望？"这是很多孩子担忧的问题。如果孩子不能从父母身上获得足够的安全感，他们可能就会选择放弃学习。就像在职场上，如果老板根本不信任我们，做什么事情都要听从他的安排，我们也会倾向于上班"摸鱼"。

一个内心没有安全感的孩子，在学习的过程中往往倾向于消极学习，甚至出现"假努力"的状态。因为不想承担学习的责任，他们在学校会倾向于全部按照老师说的去做。老师要求写作业，他们就去写作业，却从来不考虑自己是否真正掌握了知识，只是为了完成作业而完成作业；老师要求做多少题，他们就做多少题，从来不总结自己做错过的题，也不会反复分析错题，从而陷入了题海；老师要求上课抄笔记，他们一上课就埋头抄笔记，从来不思考自己听懂了多少。所以他们总是困在中下游水平，很难突破学习的"瓶颈"。

孩子学习成绩不好，问题很可能出在父母的教育方式上。有些父母平时很少关心孩子的学习，只有在孩子考砸之后才会通过批评等方式来关注孩子。也有父母在看到孩子成绩下降后，会用威胁的方式逼迫孩子努力学习，如"你再不好好学习，以后没有人能养得了你"。这种做法实际上会给孩子带来更多的焦虑和不安全感，对孩子的学习成绩提升没有任何积极作用。我们需要明确，孩子的学习旅程是一个充满挑战、分享和成长的过程，父母应该以支持者和引导者的身份，帮助孩子激发内在的思考能力和创新精神，从而让他们不断成长和进步。由此，我们可以考虑从建立三个心理支柱入手，这三个心理支柱包括无条件的爱、价值感和终身成长。

心理支柱一：无条件的爱

所谓无条件的爱，就是让孩子相信，无论他做了什么，父母都会爱他，这种爱是没有任何条件的。无条件的爱是孩子乐观向上、保证旺盛学习欲望的关键。然而，现实中很多父母误解了无条件的爱的真正含义。

你给孩子的爱是真正无条件的吗？我曾与一位妈妈连麦，她说："我这么无条件地爱他，可为什么他不懂得感恩？"我反问她："你给孩子的爱真的是无条件的吗？"这位妈妈说："是啊，我这么爱他，他想要的我都满足了。"看，这不是无条件的爱，这是溺爱。

与溺爱相对的是威胁式教育，也就是以威胁的方式来让孩子听话，包括语言和身体行为。我有一次出差，在高铁上看到一个孩子又吵又闹。旁边的妈妈无计可施，就一直在呵斥孩子："你别吵了！早知道就不带你出来玩了！你再吵妈妈就不要你了！"无论是溺爱还是威胁式的教育，都没办法让孩子感受到无条件的爱。

因此，无条件的爱并不是对孩子犯错的无限容忍，也不是通过威胁的方式来胁迫孩子服从，而是在孩子犯错的时候，父母要表达出一种态度：无论你犯了什么错误，父母都会爱你，但你必须改正自己的错误。"管教孩子的最高境界，是温柔但有边界。"这就是实现无条件的爱的关键。所以我建议所有父母在批评孩子的时候使用这个公式：爸妈是爱你的+你为什么不能这样做+应该怎么做。

比如，在孩子因为马虎而导致考试考砸了时，我们就可以试着用无条件的爱来跟孩子沟通。"妈妈是爱你的，所以妈妈需要告诉你为什么考试不能一直马虎。如果你养成了马虎的毛病，以后你工作了也总是会因为马虎犯错，你就没办法成为一个严谨靠谱的人了。所以我们从每天晚上的写作业开始，养成认真审题的好习惯，每次写完作业自己再检查一遍。这样你就可以逐渐改掉马虎的毛病了。"

心理支柱二：价值感

个体心理学之父阿德勒认为，一个人这一辈子就是在寻找两种最重要的需求，一种叫作归属感，另一种叫作价值感。无条件的爱给孩子的就是归属感，让孩子相信家庭永远是他最后的避风港。而价值感是让孩子爱上学习的第二个心理支柱，它让孩子相信自己是有价值和有自尊的人。

但是，习惯性打击孩子的父母会破坏孩子的价值感。这种类型的父母无论是孩子表现好还是不好都会去打击孩子。当问及他们为什么总是打击孩子时，这类父母往往意识不到自己是在打击孩子的。习惯性打击孩子这种现象在老一辈的父母中非常常见。有的父亲明明当着外人的面总是夸自己的孩子，可一回到家夸奖就变成了指责：孩子表现好会被告知"你别骄傲"，孩子表现不好又会遭到各种批评。

曾有一名小学生在我的后台留言："每个人都是独一无二的，他厉害的地方我没有，可是我有天分的地方他也没有啊，父母为什么看不到呢？"

父母总是看见孩子的缺点，其实是自己的焦虑导致的，这是一个很残酷的事实。心理学中有"投射"这一概念，指的是人们为了减轻自己内心的不安或自我怀疑，会下意识地把自己的弱点或不能接受的特质转嫁到他人身上。当父母看到孩子表现出某种品质时会愤怒，甚至火冒三丈，进而严厉要求孩子改正，父母觉得这是为了帮助孩子，但更深层次的原因是父母不能接受在孩子身上投射出的不被自己接纳的特质。看似是对孩子发火，实际上是不接受自己。

朋友安娜特别不满儿子的一点是玩具被人抢走了，他却一点都不着急，只是若无其事地拿起手边的其他玩具继续玩。她觉得儿子太软弱了，总是告诫儿子下次再有人抢他的玩具一定要抢回来，可是好像一点用都没有。儿子没反应，她很沮丧。后来，她在聊起自己小时候被人夺走玩具的事情时，表示自己很胆小，什么也不敢说，内心却充满了委屈。这种感受就被投射到了儿子身上，但儿子其实并没有多大的情绪反应，这只是安娜自己的问题。

长期打击孩子会导致孩子价值感的丧失，长此以往，孩子会逐渐没办法从学习中获得成就感，从而走向虚拟网络或产生叛逆行为。很多孩子沉迷手机，就是因为自尊感太低。当家长整天对孩子说："你怎么还不去学习？你就是管不住自己。"孩子会觉得"我就是不自律，反正爸妈也成天说我管不住自己"，渐渐地，他会从手机的虚拟世界中寻找自我价值感，这也是许多孩子会沉迷游戏的重要原因。

在我上小学时，我既学二胡又学写作，但当时很多习惯都没有坚持下来，唯独读书这个习惯一直保持到现在。我在小学时基本上除了上课的时间，休息的时候都是自己主动去看各种书。我对读书如此着迷，是因为我妈妈经常给我买《儿童文学》。每当看到我在看书，她都会夸奖我，并鼓励我讲述故事情节。每当我读完一本书，她就会在第二天给我买一本新的。我妈妈通过这种行为帮助我建立了强烈的价值感——读书是一件有趣的事，而且通过读书可以获得她的肯定和认可。

帮助孩子建立学习中的价值感的秘诀是：经常夸奖，定期总结。

经常夸奖指的是在学习和生活中，看到孩子做出正向的行为，一定不要吝啬夸奖。比如，看到孩子在认真写作业，可以夸奖他；看到孩子有礼貌地跟人打招呼，可以夸奖他；看到孩子主动预习课本，也可以夸奖他。夸奖孩子可以随时随地进行，不用担心孩子会因为你的夸奖而骄傲自满。夸奖孩子是帮助孩子在学习中获得价值感的重要行为。

在夸奖孩子时，要带孩子回顾为什么这次做得好，而不是苍白地说"宝贝你真棒"。千万不要简单地夸奖孩子，这样可能会让孩子变得爱慕虚荣，喜欢上那种被夸奖的感觉。真正有效的是跟孩子分析，这次我们为什么能够表现好，这次我们做对了什么，之前努力练习所带来的回报是什么。我们需要让孩子感受到努力和学习的过程，认识到挫折本身是带来体验感和美好回忆的过程，这样才能够帮助孩子建立终身成长的心态。

只是夸奖孩子当然是不够的，我们也需要通过批评和谈心来帮助孩子认识到自己的不足。但批评千万不要太频繁，建议大家以家庭为单位，每周组织一次家庭会议，大家各自总结自己本周的不足，以及应该如何改进等。相比于看到孩子的问题就直接批评，定期总结会减轻孩子的心理负担，并且让孩子明白父母的批评是为了帮助他进步，而不是发泄情绪。

心理支柱三：终身成长

其实比起让孩子考上一所好的大学，让孩子拥有终身学习的心态往往更重要。在我就读于厦门大学期间，我们寝室有一个来自四川某个小镇的状元。我们关系很好，可是他在大学期间除了上课，99%的时间都在玩电脑游戏。在大学期间总有这种同学，明明高中时成绩优异，上了大学反而失去了学习的方向，不知道读书是为了什么，浪费了宝贵的大学时光。

要想帮助孩子建立终身成长的思维，我们必须做到两件事情。第一，为孩子提供足够的"容错率"，即让孩子明白学习和成长本身就是一个犯错和探索的过程，重要的是从学习和成长中获得经验和教训。很多孩子偏向于注重考试成绩，而忽视了多维度地衡量自己，进而失去了学习的方向。当他们发现即便努力也无法取得好成绩时，便会感到害怕和犹豫。因此，在大学阶段，很多同学之所以会考研究生，只是因为对社会的未知感到害怕，于是选择把自己封闭在象牙塔里。

第二，我们需要让孩子意识到学习的意义在于探索人生的边界。爱因斯坦曾说过，把自己知道的放在一个圈子里，知道的东西越多，圈子就越大，圈子的外沿也就越大，因此所接触到的无知也越多。苏格拉底则认为："我所知道的就是我一无所知。"不断学习的终极目标不是为了考取高分，也不是为了以后能赚更多的钱，而是在自己有限的一生里认识到这个世界的更多奥秘。

如何帮孩子发生改变？

"为什么我的孩子不主动学习？为什么他总是玩手机？为什么他那么难改变？"这是一位妈妈曾经给我的留言。我相信大部分父母都有过这种苦恼：想要改变孩子简直比登天还难！其实想让一个孩子从不爱学习到主动学习并没有那么难，关键是我们需要了解孩子的心理机制。这一套完整的让孩子发生改变的方法，又被称为"瞬变三步法"。

瞬变第一步：找到亮点

再不喜欢学习的孩子，也会在学习过程中有一些积极的表现。我们需要用一双善于发现美的眼睛，看到孩子在学习生活中的亮点。想要让孩子发生改变，我们不要盯着他的缺点说"你为什么不改变"，而是应该找到孩子的亮点，然后复制这个亮点的触发因素。

我接触过一个典型的调皮捣蛋的孩子，他坐在班级的最后一排，总是故意制造噪声，上课时不是睡觉就是聊天，所有老师都拿他没办法。无论是在老师还是在家长看来，这个孩子都没有希望了，他看起来没有任何亮点。可事实真的是这样吗？在观察了这个孩子一周的学校生活之后，我们发现他在上音乐课时特别听话。这个在其他学科的课堂上调皮捣蛋的孩子，在音乐课上却津津有味地听着老师讲课，认真地做笔记。在音乐课上认真听课，就是这个孩子的亮点。

于是我问他："你为什么喜欢上音乐课啊？"他说："没什么特别的原因，就是音乐老师经常看着我微笑。"

我恍然大悟。原来这个孩子之所以总是调皮捣蛋，其实是因为想获取更多同学和老师的关注。而音乐老师不经意的微笑，让孩子感到了被尊重和被重视，于是他发生了改变。

随后，我同他的父母去拜访了学校的所有老师，请这些老师在上课时都对他笑一下。这个小小的举措使孩子的成绩逐渐提升。所以想要改变一个孩子，最关键的不是改变本身，而是找到能够激发改变的触发因素。

瞬变第二步：制订关键举措

在发现孩子的亮点之后，我们需要采取具体的措施，让这些亮点不断得以复制和放大。就像前面说到的那个只在音乐课上专心听课的孩子一样，我们通过拜访其他老师，通过跟老师沟通，把"微笑"这个触发因素不断巩固，从而让这个孩子发生了瞬变。在引导孩子的过程中，父母需要有意识地找到触发孩子亮点行为的因素，并采取关键举措来不断强化这种行为。

曾有这样一个案例。有个孩子非常调皮，且十分讨厌学习。这个孩子是那种天天都跟父母吵架，性格特别叛逆的类型。他跟父母的关系很差，父母常常为此苦恼——无论父母说什么，他都要反着干。毫无疑问，这个孩子的成绩在班里属于倒数，老师和父母都特别头疼。你是不是觉得这是一个很难改变的孩子？后来我们观察到，即使是这种非常叛逆的孩子，也会在某些时刻表现出"亮点行为"。

他的父母来咨询我的时候，我问孩子的爸爸："你家孩子有没有在某一刻显得不那么叛逆，甚至会听你们的话？"这位父亲想了很久之后，猛拍大腿跟我说："有的！孩子周末跟我一起在电视上玩一款足球模拟游戏的时候，他会乖一些，也会愿意跟我交流。"通过这句话我们能够分析出来什么？这个孩子对游戏的喜欢说明他比较有竞争意识。他喜欢在竞争中获得胜利的快感，这就是孩子的亮点行为。所以我为这个孩子的父母确定了关键举措。

首先，我建议父母和孩子重新建立起彼此信任的关系，所以我要求他们以家庭为单位进行"5分钟亲子互动"。什么叫5分钟亲子互动呢？就是每天甚至每周拿出5分钟的时间陪孩子玩。这5分钟只有一个要求，就是不要提任何意见，孩子说干什么就干什么。孩子说要打游戏，那打吧，打5分钟，没问题。孩子说想出去玩，那出去玩吧，没问题。孩子说要看电视，那就看吧，没问题。甚至孩子要打架，打架就打架，没问题。只要在这5分钟能够忍住不去挑剔、指责孩子，家庭氛围就会好很多。

其次，我建议父母充分利用孩子的竞争意识来增进亲子关系。针对孩子在打游戏过程中表现出的亮点行为，我建议父母和孩子每个周末拿出1小时共同参与一项体育活动。那么什么活动可以激发孩子的竞争意识，帮孩子获得成就感呢？这位父亲和孩子聊了一会儿之后，两人约定以后每个周末都要一起去踢足球。通过运动过程中的竞争与合作，帮助孩子逐渐感受到父母的爱和关注。这一步就是为了不断复制孩子的亮点行为，以促进孩子正向行为的产生。每个周末踢足球的这个行为，就是能够复制亮点行为的关键举措。

最后，我建议父母完成瞬变的第三步，即指明目标。

瞬变第三步：指明目标

只是通过制订关键举措对孩子的改变还是不够的，我们需要为孩子指明目标，从而让孩子主动去执行关键举措。在瞬变的第二步——制订关键举措时，很多家长会产生疑惑：怎样才能让孩子坚持去做呢？

为什么很多时候父母制订了计划，孩子却不愿意执行？"明明我都说了要怎么做，我也是为了他好，为什么孩子就是不愿意听话？"这是很多父母在教育孩子过程中遇到的问题。孩子不愿意听从父母的安排，很多时候是因为孩子并不知道具体应该怎么做。父母只给了孩子指令，但没有给出具体目标，这被称作"目标丧失"。设想一个场景，如果老板跟我们说："今年你们一定要努力工作，帮我们的企业再上一个台阶。"如果老板只是给了这样一个指令，我们往往是不知道该怎么做的。什么叫作"企业再上一个台阶"？是今年多赚100万元，还是公司品牌被100万的用户知道，又或是用户的口碑指数提高10%？在教育孩子的过程中也是一样，我们不能只说要做什么，更要指出具体做到什么程度。

我在读初中时，隔壁班的平均分一直是全年级最低的。这个班在初三的时候换了一位资深特级教师担任班主任，她仅用一年就将这个班的成绩从倒数第一的位置带到中考平均成绩第一的位置。她是怎么做到的？非常简单。她在接手这个班的第一次班会上对全班同学说："我要通过这一年把大家带到正数第一。"正是这一句简单的话，让所有同学和老师都认同了这一目标。这样一来，全班同学和老师一起为这个目标而努力，在一年的时间里迅速提升了成绩。

回到第二步那个孩子的案例，我帮这个家庭确定的目标是"这个学期父母和孩子一起努力，在期末考试中成绩超过10个同学"。然后，我建议孩子亲自动手把这个目标写下来，并把它贴在卧室最显眼的地方。"在期末考试中成绩超过10个同学"，这是一个非常明确的目标。一个明确的目标有两个特征：明确的时间节点和可量化的目标值。"期末考试"是明确的时间节点，"成绩超过10个同学"是可量化的目标值。一个明确的目标不仅能让孩子内心充满努力的动力，也能让孩子在每天的学习中保持目标感。半年后，这个孩子的成绩从班级倒数成功地上升到班级前20名，实现了他自己亲手写下的目标。

一个孩子从班级倒数逆袭到班级上游有多难？回顾这一节的案例，我们可以清楚地看到，如果没有正确、科学的引导方法，要改变一个孩子相当困难。但是，如果我们掌握了正确的方法，用一双发现美的眼睛去看待每一个孩子，那么每个孩子都有机会实现人生的改变。

让孩子拥有学习的动力

在前两节中，我已经详细描述了帮助孩子爱上学习的心理支柱和让孩子发生改变的瞬变方法，但仍有一些家长会着急地问："那应该如何让孩子拥有学习的动力呢？应该如何帮助孩子快速提高成绩呢？"

在很多父母的观念中，存在着这样一种灵丹妙药，可以快速地让孩子从不爱学习变为爱上学习，可以快速地帮孩子从班级倒数考进班级前三。遗憾的是，这种灵丹妙药并不存在。我之所以在这本书里用大量篇幅向大家讲解亲子关系对孩子学习的影响，是因为学习是个潜移默化的过程，孩子的学习成绩与家庭教育息息相关。

很多父母得知我初一时从班级倒数10名逆袭到班级前三只用了两个月，便纷纷问我如何帮自己的孩子快速逆袭。他们只关注到了我两个月内提高的成绩，却忽略了当我考了班级倒数10名时，我的父母仍然用温和的方式帮我分析原因，给予我足够的安全感。这也是为什么我会在本书中先讲亲子关系和心理支柱。如果一个孩子在充满信任和安全感的家庭环境中成长，不论遇到何种困难，都能重新振作起来，这时，提高成绩只是具体技巧层面的事情。但如果一个孩子连基本的心理支柱都没有搭建起来，即便通过一些技巧提高了成绩，也会因为一次挫折而失去自信。

所以，你的孩子是否具备足够的安全感呢？如果是的话，恭喜你，按照自驱力搭建的三步法即可帮助孩子拥有主动学习的能力。当然，在给出具体技巧之前，我们需要了解自驱力的心理机制是什么。

大脑是如何工作的？

想要培养出具有自驱力的孩子，我们需要先了解大脑是如何运作的。我们大脑中有三个部分分别负责决策、调节压力和控制冲动。第一个部分叫前额叶皮质，这是我们发展出语言能力、逻辑能力和推理能力的部分。我们可以把前额叶皮质理解为人类大脑的司令官，它是冷静的、理智的、富有智慧的，所以前额叶皮质又被称作人类"理智的中心"。在被前额叶皮质控制时，我们会呈现出理智、冷静、自律的生活状态。这时我们是可以自己控制自己的，即有自驱力的。

但前额叶皮质有个问题，就是我们身体的压力过大时，它会掉线。举个简单的例子，比如我们在跟人吵架的时候，就很容易因为压力激增，导致说出言不由衷的话，甚至会大脑空白，说不出话。当前额叶皮质下线之后，随之上线掌控大脑的是杏仁核，也就是情绪中心。为什么很多孩子在学习过程中会突然情绪崩溃，开始暴躁或者哭泣？这就是因为负责自控力的前额叶皮质下线，而由杏仁核掌控了孩子的大脑。这个现象又被称作"杏仁核劫持"——我们的理智被情绪取代。

"杏仁核劫持"如果频繁出现，对孩子的学习会有非常消极的影响。这种消极影响在短期会影响孩子的学习热情和学习进度。很多孩子在写作业时特别容易出现压力过大的情况，导致大脑失去前额叶皮质的控制，孩子因此会变得易怒或陷入沉默。这时想让孩子重新去写作业非常困难，也就耽误了每天的学习进度。更可怕的是这种情况具有长期消极影响——降低孩子的记忆力。

人在压力状态下身体会分泌荷尔蒙来对抗压力，也就是我们常说的"压力荷尔蒙"。当人们紧张时，身体的肾上腺会释放去甲肾上腺素、肾上腺素等化学物质。这些物质能促使人们的血管收缩、血压升高，使人们警醒，从而应对紧张的事件与活动。正常人体内的荷尔蒙在迅速上升后能迅速恢复到正常状态，然而长期处于压力状态下的人体内的荷尔蒙并不能快速恢复到正常状态。一旦荷尔蒙丧失了快速恢复正常的能力，肾上腺素会进一步分泌皮质醇。

皮质醇是一种类固醇激素，在肾上腺中产生，在"战斗或逃跑"反应中很活跃。在压力下，它会收缩血管并增加血压，从而增强含氧血液的输送。皮质醇在压力状态下短时间内上升是正常的，在压力消除后会恢复到基线水平。但是，如果压力持续存在，身体长期保持较高的皮质醇水平，会弱化海马体内的细胞并最终杀死它们。要命的是，海马体是我们大脑的记忆核心区域。这就是为什么在压力过大的家庭环境下成长的孩子一般学习能力都会受到影响。

海马体位于大脑皮质下方，属于边缘系统的一部分，主要负责短时记忆的存储转换和定向等功能。1957年，美国神经外科医生W.斯克维尔和加拿大神经心理学家B.米尔纳报告了神经心理学中非常重要的H.M.病例。H.M.是一位因癫痫反复发作而接受手术的病人，他的脑内颞叶皮质下部分边缘系统被切除，其中包括了两侧的海马区。手术后，H.M.的癫痫症状得到有效控制，但他失去了形成新的陈述性长时记忆的能力，产生了顺行性遗忘。尽管H.M.的短时记忆和内隐记忆能力保持较好，但长时记忆的存储和情景记忆的能力均受到了较大的影响。

当我们了解了大脑的运行机制，就知道培养孩子的自驱力，最关键的是让孩子的前额叶皮质得到充分发育。这种发育源于三个因素：正向的压力环境、选择的权利、正反馈。

· 正向的压力环境：孩子面对的压力不能过大也不能过小。处于压力过低的学习环境，孩子的前额叶皮质不能得到充分锻炼。而过大的压力会产生前面说过的诸多问题。所以最好的方案是给孩子适当的正向的压力环境。所谓正向的压力环境，是指孩子面对的问题不能难到他失去了解决问题的能力。比如，父母的争吵对孩子而言就是一种根本没办法解决的过大的压力。但压力也不能小到孩子根本不需要努力就能达到目标。压力必须是正向的，也就是孩子需要从内心认同这个压力挑战，而不是像突然换学校那样被迫置身于陌生的环境中带来的负面压力。

· 选择的权利：孩子在学习过程中拥有自主决策的权利对前额叶皮质的发育至关重要。很多家长喜欢陪着孩子学习，在陪的时候又忍不住唠叨。长期的唠叨会带来慢性压力，而这种慢性压力会伤害孩子的大脑，使其产生皮质醇，并导致前额叶皮质不发育。孩子的前额叶皮质发展缓慢，就会出现理性思维缺失的问题，从而被杏仁核产生的情绪控制。所以在具体的学习过程中，孩子应该拥有自己选择的权利。父母在此时应该做的是帮助孩子分析决策结果，从决策结果中汲取经验，为下一次做出更好的决策制订计划。

· 正反馈：心理学家米哈里·契克森米哈赖提出了"心流"这个概念，也就是当我们全神贯注于某一件事情时所出现的忘我而愉快的状态。正反馈是获得心流体验的重要因素之一。所谓正反馈，就是当我们在做一件事时，可以在短时间内获得积极正向的内在或者外在评价。比如孩子努力学习了1小时后，他可以获得成就感，或者父母的一句赞赏。与正反馈相对应的是负反馈。很多孩子努力几天后便放弃，就是因为感觉努力了却没有任何结果。努力了却看不到结果就是一种负反馈。

下面我将介绍帮助孩子培养自驱力的三个步骤，这些步骤包含了正向的压力环境、选择的权利和正反馈。我自己在初一时能够从班级倒数10名逆袭到班级前三，使用的正是这些方法。

第一步：调动孩子的积极性——假想竞争对手

孩子在学习过程中没有上进心，不愿意主动学习，没有学习的自驱力，这些问题都是因为目标的缺失。一位北京知名教师曾说过："90%的孩子学习动力来自竞争。"这可谓至理名言！因为我本人在初一时也是通过竞争才实现逆袭的。我在初一的第一次期中考试中考了班级倒数10名，我们班主任设置的一个活动给我提供了目标，让我在期末考试中考到了班级第三。

她要求我们每个同学拿出一张空白的纸，在上面画出三列表格，并在左上角写下自己选择的竞争对手的名字，也就是自己希望在期末考试中超过的那个人。这个竞争对手必须满足以下三个条件：①同班同学；②期中考试的成绩比自己好；③有值得学习的品质。然后在表格中记录之后所有考试的日期、自己的分数和那个竞争对手的分数。注意要记录每一次考试，包括随堂小测、月考、期中和期末考试等。这张记录着竞争对手成绩的纸被我称作"假想竞争分数表"，它需要被贴在课桌的左上角，这样我们每天都可以看到它，并且被它激励。

作为班级倒数10名的同学，我当时居然选择了我们班期中考试排名第三的同学作为竞争对手。虽然现在已经过去近20年，但我依然清晰地记得他的面容，因为他激励了学生时代的我。在期中考试结束后的两个月内，我没有一次考试能够超过他的分数。只有在一次历史随堂小测中，我跟他的分数相同，都是90分。我每天到了教室，第一眼看到的就是贴在课桌左上角的这个分数表，这让我从相去甚远的成绩中获取了不断努力的动力。

假想竞争分数表

日期+考试科目	我的成绩	×××的成绩
1月27日历史小测		
1月29日英语小测		
2月1日英语月考		
2月5日语文小测		
……		
……		

阿德勒认为，追求卓越是我们行为的根本动力。无论是人类还是动物，基因中都带有竞争意识。这种竞争意识起初是源自生存和繁衍方面的需求：为了生存，人类需要与其他动物争夺食物资源；为了繁衍，人类需要与其他人竞争。为什么人类喜欢观看各种运动比赛呢？就是因为潜意识之中藏有竞争意识。因此，我们可以说竞争意识深埋在每一个孩子的基因之中。

在"假想竞争分数表"的激励下，奇迹真的发生了！两个月之后的期末考试，我居然跟我的竞争对手以一模一样的总分并列班级第三。我还记得那天下午我走进教室，冬日的阳光洒进来，我的那位竞争对手用惊异的眼神看着我，一边鼓掌一边说："你好厉害。"这就是竞争带来的奇迹。

在这一步，最关键的是帮助孩子创建学习过程中的"正向的压力环境"，其核心是让孩子自己做出竞争分数表，而不是父母强迫孩子去制作。选择的目标不需要太高，但也不能太低。我一般建议孩子选择班级排名比自己高出10名左右的同学作为目标。这是一个很有仪式感的过程，让孩子选择一个自己真正想要超越的人，并且郑重地写下来。

第二步：找到感觉——专科突破

有效的正反馈是帮助我们全身心投入一件事情的关键。米哈里·契克森米哈赖在定义"心流"时曾指出：有立即回馈的活动以及我们对这项活动拥有主控感，是我们可以忘我投入的关键要素。对绝大多数成绩不理想的孩子来说，他们很难在学习过程中体会到有效的正反馈，因此往往对学习失去兴趣。如语文、数学和英语等学科，如果成绩连续下滑，孩子就更加缺少获得成就感的机会，也因此越来越难以保持学习热情。我们应该帮助孩子先在某一个学科上收获"赢一次"的成就感，如把某个学科的成绩提升到班级前三，再逐渐提升其他学科的成绩。

比如，英语算是孩子比较感兴趣的学科，那么在最开始调动孩子学习动力的时候，就不要想着所有学科都一碗水端平，而是先集中精力帮孩子把英语这个学科的成绩提高到比较优异的水平。尤其是对成绩一直处在中下游、长时间没有获得学习成就感的孩子而言，帮助他们收获一次成就感，就是孩子改变的开始。建议父母和孩子一起选择孩子最喜欢的学科，并制订详细的提分计划（各个学科的提分方式将在后面的章节中分享），为了将这个学科的成绩提升到班级前三而共同努力。事实上，很多同学能够逆袭，主要就是通过先攻克一个学科，找到学习动力和自信的源泉，然后才完成全面反超。

专科突破并不意味着会长期偏科，而是可以通过选择更有效的方式来体会成为学霸的快感。"做到过一次"和"一次也没有做到过"之间的差距非常大。虽然很多家长希望孩子能够在短时间内让所有学科都上一个大台阶，但这种期望会给孩子增加心理负担，致使其在逆境中更为无力。因此，我们建议从一个学科开始，让孩子感受到成绩进步的欣喜，领略努力获得回报的正反馈，并得到同学和老师的赞扬，以此逐渐改变学习状态。

在这一步中，我们让孩子选择一个学科进行突破，创造了"选择的权利"和"正反馈"的条件。不需要短时间内付出太多的努力就可以看到学习的进步，不需要短时间搞定最薄弱的学科而是先把自己相对擅长的学科做到优秀，这两个条件会激发孩子的学习动力，促使孩子变得积极。

第三步：缩小改变幅度——把刷题换成刷卷

很多孩子在学习过程中会有"喜新厌旧"的现象，也就是相对反复做旧题或做错题而言，更喜欢做新题。但对基础本来就差的同学来说，做新题的过程并不能真正帮助他去理解知识，尤其是对数学、物理、化学等理科，往往思考的时间越长越能理解这个学科背后的逻辑。但"喜新厌旧"是藏在我们基因里的惰性，不断做新题的过程其实会带给我们一种虚假的满足感——自己已经做了很多题。这时需要一些外界力量来逼着自己反复做旧题，因为只有反复做旧题才能磨炼耐性。

我建议基础较差的同学拿出1个月的时间，在每个周末重复做同一套卷子，并且自己批改。如数学较差的同学，可以选择一份套卷（如期中套卷或期末套卷），将其复印4份，然后每个周末做一遍。做卷子的过程就像模拟考试，不可以看答案，并用计时器限定考试时间。这样做有两个好处：首先，通过不断地做同一份卷子，可以磨炼学习耐性。耐性是学习过程中至关重要的品质，因为只有坚持才能保持稳定高效的学习状态。其次，通过反复做同一份卷子，可以消除学习过程中的"眼高手低"，就是看着题以为自己会做，结果一做题就做错的现象，也是我们常说的马虎。其实解决"眼高手低"问题的关键就是动手，遇到的所有题都动手做一遍才能检验自己是否真正理解了解题的每一步。

每次做完套卷之后，一定要让孩子自己对照答案批改一遍，并分析整理做错的题目。只要孩子每次都认真分析错题，那么每次重做试卷的分数就会有所提高。通过分数上升，孩子能感受到进步的快乐，这就是第三步"缩小改变幅度"的核心。很多孩子在学习过程中总想着一天内进步几十名、提高几十分，这种预期的改变幅度太大，会挫败自尊心。但通过刷同一份套卷，孩子就可以看到自己的进步，从而逐渐开启正循环。

第四章
帮孩子稳定情绪

孩子为什么会焦虑？

很多家长没有意识到，在培养孩子学习能力的过程中，情绪稳定是一件特别重要的事情。从小学到初中到高中再到大学，一个孩子面临着十几年的学生生涯。在这个过程中，孩子不仅要面对海量的知识，还要面对一次又一次的失败和挫折。如果不能拥有稳定的情绪，是很难在这十几年的学习过程中保持稳定的学习状态的。我们经常会遇到那些在初中时一直名列前茅，但到了高中成绩一落千丈的孩子，其背后的原因往往就是情绪上的不稳定导致了心态崩溃。

我经常跟学员强调一个观念：相较于单纯追求好的考试成绩，拥有稳定的情绪和乐观的心态更重要。我在本书中也不断地强调一个观点：学习是一个不断犯错的过程。因为只有不断地犯错，才能够找到自己存在的问题并加以改正。如果没有稳定的情绪作为背后的支撑，我们很难坚强地应对所犯的一个又一个错误。很多孩子成绩波动很大，学习情绪起伏不定，都是情绪稳定能力的缺失导致的。这种能力的缺失在学生时代表现为学习情绪的问题，到了社会上就会在人际交往中显现，可以说对整个人生都会有消极影响。

我之前接触过一个孩子，因为一次期末考试考砸了，整个假期都闷闷不乐，之后他甚至开始厌学，每天早上故意不起床，拖拖拉拉的。父母怎么骂他、劝他都没用，并且他的成绩急速下滑。我问他："你为什么一次考试考得不好，就整个人崩溃了呢？"这个孩子说了一句让我非常震惊的话："因为我这次考砸了，以后就赚不到钱了，我的未来毁了。"这种"一次考试成败决定人生"的看法，在成年人看来显得匪夷所思，但实际上存在于许多孩子的脑海里。而给孩子植入这种观念的往往就是孩子的原生家庭。

我们在深入了解这个孩子父母的教育方式之后，发现孩子的妈妈常常对他说："你又不是'富二代'，你要是不好好读书，以后就赚不到钱，我们家就没钱吃饭了。"我理解很多父母说这样的话的初衷是通过艰苦的生活激励孩子学习，但在教育实践中，这种"忆苦思甜"的教育方式往往导致孩子无法获得安全感。

孩子可能会把自己某几次考试成绩与整个家庭的生活或者人生大计联系到一起，从而背负莫须有的压力负担。这种压力感对内心坚忍的孩子来说，可能会在短时间内激发其学习动力，但是对大多数孩子而言，却会导致其学习效率降低。举个例子，如果在平坦的大路上画一条2米宽的平行直线边界，我们在不越过边界的情况下行走10米，是一件非常简单的事情。但如果我们是在2米宽的桥上，旁边是万丈深渊，那么走完这10米就是异常艰难的事情。实际上，孩子的学习过程也是如此，背负太多他不能掌控的压力会导致其过度紧张。

想要孩子拥有稳定的情绪，关键是帮助孩子建立足够的安全感。你的孩子有安全感吗？敏感，总是担心各种问题，不愿意结交新朋友，这都是缺乏安全感的表现。在教育实践中，我们发现缺乏安全感的孩子往往表现出以下几种现象：

1.一遇到陌生人就紧张；

2.认为自己无法取得好成绩；

3.不愿意上学，也不愿意参加集体活动；

4.不愿意学习，一学习就走神。

缺乏安全感的背后是对未知的恐惧。孩子不愿意学习是害怕自己学不会新知识，孩子不愿意认识新朋友是对未来与朋友交往的恐惧，孩子不愿意上学是对老师和同学的恐惧。可矛盾的是，学习本身就是一个不断探索未知的过程，所以缺乏安全感对孩子的学习来说是致命的。一个缺乏安全感的孩子往往也就丧失了对知识的好奇心，他会本能地退回自己的安全领域，安安稳稳地完成老师布置的任务，从不主动去学习和探索。他们在学习中追求的是安全，而不是知识本身的乐趣。

经常焦虑的孩子，长大之后也更容易被人际交往影响。很多中学生一上课就打瞌睡，一下课就聊八卦，关注校园新闻，或者总是容易与自己的好朋友闹别扭，每次因朋友问题烦恼不已，以致影响自己的心态，从而影响学习状态。其实以上这些本质上都是因为他们对未来与朋友的关系的恐惧。甚至孩子成年以后，也很容易因这种心态影响自己与爱人和孩子的关系。

因此，我们得出一个结论：只有拥有稳定情绪的孩子，才可能获得稳定的优秀成绩。

父母的哪些行为让孩子焦虑？

父母的哪些行为会导致孩子焦虑呢？

第一类行为是父母的过度控制，也就是父母总想让孩子做"对"的事情。这类父母被形象地比作"直升机式父母"。这样的父母天天在孩子身边"飞来飞去"，吃东西、穿衣服、走路等，什么事都要盯着。父母的过度控制其实是父母内心焦虑的体现，而父母的焦虑也会映射到孩子的身上。

　　我认识一位性格非常强势的世界500强女高管，她的事业很成功。她每天都会问儿子一个问题："你今天做了什么？"在得到答案后，她就会像在办公室开会一样，教孩子要这么做、要那么做。她感觉自己这样是在引导孩子去做正确的事情，帮助孩子学会如何正确地处理问题。但其实她不知道，这种强势管理会让孩子逐渐丧失自己解决问题的能力。所以，这个孩子一遇到生活或学习中的问题，就会本能地去问妈妈。你说这样好吗？从短期来看，可能是不错的；但从长期来看，尤其是进入高中后，她还能天天辅导这个孩子所有科目的学习吗？答案必然是否定的。一个孩子丧失了自主解决问题的能力，他的学习基本上就没有任何后劲了。在小学阶段，可能孩子还能通过妈妈的辅导取得好成绩，但一到初中，成绩可能一落千丈。

　　孩子只有在不断试错的过程中，才能逐渐培养起自己解决问题的信心。对这个问题有一个非常形象的比喻：如果让一个孩子从小就待在无菌保温箱里，他将失去自身免疫系统抵御外界病毒的能力。一旦把这个孩子从保温箱里抱出来，面对真实环境的各种细菌和病毒，他可能会不堪重负。过度控制型的父母通常扮演的正是"无菌保温箱"的角色。

　　第二类行为是强化孩子对危险和失败的认识，即不断跟孩子强调失败导致的后果有多么可怕。比如，很多父母会跟孩子说这样一句话："你要小心你们班上的坏学生，不要被带坏了。"这句话本身出发点并没有什么问题，但当家长不断地强调所谓"坏学生"对孩子的糟糕影响时，孩子就会失去判断力，把问题的原因归结到他人身上。因此，这些孩子成年后，如果在职场上遇到困难，他们会在潜意识里安慰自己："我们公司里的人都是坏人，都在欺负我。"

更多的父母是跟孩子强调不好好学习的严重后果，所以他们常常说："你要是不好好学习，你的未来就完了。"不好好学习是不是代表着未来就一定很糟糕呢？其实不一定。这种说法最大的问题在于孩子很难界定不好好学习这件事情的范围。期中考试考得不好算是不好好学习吗？期末考试没考好算是不好好学习吗？高考没考好算是不好好学习吗？当我们不断强调某件事情发生之后的严重后果时，孩子会开始变得害怕失败。有的家长会问："害怕失败不好吗？这样孩子就会更努力了啊。"实际上，我们在观察了大量孩子的学习过程之后发现，害怕失败并不会让孩子平常更努力，只会导致孩子不敢犯错。

在我5年多的互联网头部公司工作经历中，我发现那些最优秀的职场人都有一个共同点，就是不害怕失败。就像互联网产品一直强调的快速迭代、小步快跑、不断验证一样，这些优秀的人不是害怕失败本身，而是害怕失去通过失败学习提升自己的机会。孩子的学习过程也是如此，只有那些不害怕失败的孩子，才有可能终身不断学习和成长。相较于单纯的学习成绩，有着不断学习和成长途径的孩子更有可能拥有光明的未来。

第三类行为是家庭冲突。家庭冲突不仅会给孩子带来自卑和懦弱的负面影响，更严重的是，在家庭冲突中，很多孩子会自责。他们倾向于把父母争吵的原因归咎于自己。很多父母其实没有意识到，孩子会习惯性认为父母的冲突是自己导致的。如果这种冲突不断加深，孩子的自责感也会不断加深，有的孩子甚至会在潜意识里产生"我是不是不应该来到这个世界"的想法。

之前我们辅导过一个成绩突然一落千丈的孩子，其主要原因就是家庭冲突。在此之前，这个孩子的学习成绩一直很好。初三那年，父母之间的冲突加剧，那段时间每天放学后他根本就不想回家，因为害怕看到父母争吵，也因为害怕自己的存在成为家庭问题的源头。更严重的是，他父母会对他说："要不是你，我们俩怎么会吵架？"面对这种家庭冲突和内心冲突，这个孩子开始和一些社会上的"小混混"接触，采取放学后去网吧的行为来实现内心的逃避。很快，这个孩子的成绩就严重下滑，甚至产生了厌学的感觉。

虽然本书的主旨是通过搭建学习能力金字塔来帮助更多孩子学会学习，但我也提醒各位家长，孩子情绪的不稳定会造成很多负面影响，不仅仅是学习成绩下降这么简单。情绪是伴随人一生的事情，无论是个人工作、婚姻，还是家庭，情绪都是一个人终身发展的本质因素。因此，培养孩子稳定的情绪状态和塑造积极向上的心态是至关重要的。

让孩子情绪稳定的家庭教育方式

情绪稳定对一个孩子的学习和成长至关重要，但学校对孩子的情绪问题的重视度并不够。在学校中，我们会见到不同孩子的各种情绪问题：有的孩子会很暴躁，有的孩子会很自卑，有的孩子遇到问题总是自责，还有的孩子无论做错什么都怪别人……要帮助孩子拥有稳定的情绪，家长扮演着尤其重要的角色。那么，家长具体该如何做呢？本节将介绍一些积极心理学的结论，以帮助更多孩子拥有稳定的情绪。

积极心理学是一场心理学领域的革命，也是人类社会发展史上的一个里程碑。它从积极的角度研究传统心理学的研究成果，是一门新兴科学。积极心理学指出，在孩子的周围环境中，如果教师、同学和朋友能够最大限度地提供支持、同情和选择的机会，孩子就最有可能健康成长和自我实现。相反，当父母和权威者不考虑孩子的独特观点，或者只有在孩子符合一定标准时才给予被爱的信息，那么这些孩子就容易出现不健康的情感和行为模式。

正向语言奖励

清华大学心理学系主任彭凯平指出，我们教育的核心是让每个孩子都闪耀出人格的光辉，以拥有最灿烂的生命。很多家长会遇到孩子不愿意学习、跟小朋友不和以及总是和父母吵架等问题，解决这些问题的关键在于通过奖励来激发孩子内心的善良。

我小学时总是很难早起，因为起床困难，导致上学总是迟到。面对孩子的起床困难，"直升机式"的父母会说："快点快点，完蛋了，要迟到了！再不起床老师就要批评你了。"这种方式有效吗？在短时间内是有效的，孩子可能会在父母的催促下不情愿地起床，但这种方式并不能真正帮助孩子养成早起的习惯。为什么？因为负面词汇并不能真正改变一个人。

什么是负面词汇？例如前面督促孩子起床时使用的"完蛋了""批评""迟到"等均属于负面词汇。相比之下，我父母在帮我养成早起习惯时，一直使用"正向词汇"来确立正向引导。例如，当我妈妈第一次发现我按时起床时，她会夸我："你做得很好啊，你的这个行为叫作'守时'。在社会上，守时的人都很受欢迎。"这里的"守时"就属于正向词汇。在听到这句话后，我感受到了正向引导，也相信守时的行为是值得表扬的。

《儿童积极心理学》中有这样一句话："父母能给予孩子最好的爱，就是在童年帮助他建立'心理幸福感'，这是一种根植于内心，源源不断地制造快乐和幸福的力量。"帮助孩子获得心理幸福感的关键是用正向词汇跟孩子沟通。在实践中，我们发现很多父母习惯用负面词汇来威胁孩子。我相信，我们的童年时期多多少少都听父母说过以下这些话：

"再不好好学习，你长大以后就没有出息、没有希望了。"

"你长得真丑，一点也不像是我的孩子。"

"你看看谁跟你一样？别人都不这样，就你这样！"

"你太幼稚了！什么时候能长大呢？"

"你再不听话我就不要你了！"

"爸爸妈妈这么辛苦还不都是因为你！"

这些话中一个正向词都没有出现，反而都是"没有出息""丑""幼稚""不要你了"等负面词。如果一个家庭的教育语言中全是负面词汇，便会导致孩子无法建立正确的行为模式，因为孩子从小就不知道什么是对的，只知道什么是错的。

在家庭教育中，有哪些可以说的正向词呢？比如，当孩子遵守时间时，不要说"你终于不迟到了"，而要夸孩子"守时"；当孩子正视自己恐惧的事情时，不要说"你今天终于不胆小了"，而要夸奖他"勇敢"；当孩子主动帮助其他小朋友时，要夸他"有爱心"；当孩子主动跟长辈打招呼时，要夸他"懂礼貌"；当孩子做作业过程中主动思考问题时，要夸他"爱思考"；当孩子面对这个世界有各种各样的奇思妙想时，要夸他"有创意"。说正向词汇最好的时机是什么时候？是在看到孩子做出正确的事情的第一时间。这样，孩子会了解到越来越多的正向词，也会更愿意做出正确的事情。

当然，要在孩子偶尔表现良好时提出表扬，但不要过度表扬。在使用正向词汇时，一定要实事求是，即要基于孩子真实的表现予以表扬。不要为了夸奖而夸奖，不要过分夸奖孩子从而变成宠溺孩子。

消除过度焦虑行为

帮助孩子建立稳定的情绪的前提是父母拥有稳定的情绪。父母一定不要对孩子的焦虑行为做出过度的反应，因为一旦看到父母过度反应，孩子会更加焦虑和不知所措。我记得我小时候很不喜欢跟陌生人打电话，一跟他们打电话就会感到很紧张、很焦虑。当时，我爸认为我不爱说话、内向，很担心我长大后该怎么办。为了锻炼我，每次需要打电话叫送水师傅来送水时，我爸总会逼着我打这个电话。我内心其实是特别排斥的，每次拿起电话时都非常恐惧。但每一次，我爸都会加剧这种恐惧。后来，很长一段时间内，我都有很严重的口吃，其实就是这个不断强化的焦虑过程导致的。

我们之前接触过的一个孩子也有类似的情况。这个孩子很内向、害羞，在与陌生人交流时会感到恐惧。其实我们知道，这种情况在孩子的6～12岁阶段很容易出现，而随着年龄的增长会逐渐好转。但是，这个孩子的妈妈面对孩子的内向行为时非常焦虑，往往做出不可控的过度反应。每次妈妈带孩子出去见朋友时，总会对孩子说："宝贝，快来和叔叔阿姨打招呼啊。哎！你怎么这么没礼貌，快过来说叔叔阿姨好。"这种情况反复出现，让孩子越来越讨厌与陌生人打交道。因为家长不断强化这件事，不断地给孩子打上"害羞"的标签，这反而不利于孩子缓解害羞。

无论是出于关心还是其他原因，父母都不要对孩子的焦虑行为做出过度反应。想要帮助孩子变得更好，父母需要做的其实很简单：帮助孩子走出焦虑。比如前面那个内向、害羞、有点"社恐"的孩子，我们需要先帮助他消除焦虑，使他拥有稳定的情绪，然后再通过正向词汇逐渐引导孩子。下次孩子不愿意在大家面前表现时，妈妈可以摸摸孩子的头说："不想说没关系，妈妈来向叔叔阿姨介绍你。"然后向朋友介绍孩子就可以了。千万不要跟别人解释说："我们家宝贝就是不愿意见人。"当父母不断地强化这些标签时，孩子就记住了：我很害羞。不用刻意解释，就正常地处理这件事就好了，不要过度反应。

家长是孩子的一面镜子，我们常常说，从一个孩子的父母身上就能看到孩子长大的样子。如果父母经常互相喊叫，孩子也喜欢喊叫。如果父母习惯离家出走，孩子也可能在青春期离家出走。孩子对家长的情绪非常敏感，因此父母应该先拥有稳定的情绪，然后再帮孩子建立稳定的情绪。

给孩子自主决定的机会

无论是正向语言还是父母自己消除过度焦虑行为，都是对孩子行为和思考的一种引导。想要孩子在成长过程中拥有长期稳定的情绪，还需要通过学习和生活中遇到的事来锻炼孩子自主决策的能力。孩子只有在一次次的自主决定—接收反馈—不断进步的过程中，才能逐渐建立起自己稳定情绪的能力。

很多家庭中经常会出现充满火药味的话语，如："这道题这么简单你居然也不会，上课有好好听吗?！""书桌弄得乱七八糟的，像什么样子?！""叫你多少遍了，还不去洗洗睡觉！"这些话剥夺了孩子自主决定的机会。很多家长可能没有意识到，自己之所以总是帮孩子做决定，是因为我们身体里留下了基因记忆。在远古时期，人类生活条件非常恶劣，需要随时警惕周围的危险，否则就很容易受到豺狼虎豹的伤害。因此，对负面情绪的关注成了帮助我们在茹毛饮血的时代生存下来的关键。然而，现代社会对优秀的人才越来越要求具备合作和交流的能力。

随着现代社会分工的不断细化，没有人可以单独生存下去，越优秀的人越擅长协作分工。在这种情况下，如果父母从小不给孩子自主决定的机会，总是关注孩子的负面行为，反而对孩子的成长极其不利。悲观和警惕会让我们看不到机会，看不到全局，无法发散思维，这样我们也就不可能创新、合作、适应变化、成长、成功并取得成就。莉·沃特斯教授认为，最好的养育方法应该能让孩子的能力得到提升，让他们在长大后能够主宰自己的人生。

那么，如何才能正确地给孩子自主决定的机会呢？具体的步骤是订计划—看执行—盯反馈。以"抢手机"为例，很多孩子很容易被手机吸引，总是抢父母的手机来看电视剧或者玩游戏。这时，父母的反应往往会有两种极端表现，一种是放任孩子玩手机，甚至在孩子很小的时候就给孩子买了属于自己的手机；另一种是认为手机会耽误孩子的学习，所以一看到孩子玩手机就如临大敌，完全不给孩子任何使用电子产品的机会。

很多家长会问我：孩子到底该不该玩手机？我认为这不是个好问题。在互联网时代，你不可能让孩子完全不接触手机和网络世界，也不能让孩子从小就被网络世界掌控从而沉溺其中。正确的问题应该是：我们如何才能帮助孩子学会与手机等电子产品和谐共处？如何帮助孩子学会使用手机，让手机成为帮助他认识世界、拓展知识的工具？

我们有一位学员的父母的做法我就非常认可。他们是这样做的：第一步订计划，父母与孩子一起制订了详细的看手机计划。大家注意，是与孩子一起制订计划，而不是给孩子下达命令。父母跟孩子商量一个看手机的时间：每次最长看多久，每次看什么内容。然后把双方都认可的计划写下来，贴在客厅里。因为这个计划是双方共同制订的，所以孩子愿意去执行。每次吃完饭，孩子跟爸爸说："爸爸，到我自由玩手机的时候了。"爸爸就会直接把手机给他，然后问孩子："今天打算看多久呀？"孩子说："今天打算看半个小时。"半个小时之后爸爸一定就会把手机收回。

把手机收回这个动作就是第二步看执行。在第一步中，如果是孩子亲口说出来的计划，那么就一定要执行。不能自己承诺了看半个小时，结果看了一个多小时。如果这种情况发生了，父母又宠溺孩子，一切任由孩子，就会让孩子丧失责任感和对承诺的执行力。所以无论发生什么，如果孩子自己说只看半个小时的手机，那么就只能看半个小时。

那如果孩子看了半个小时之后，还想看手机怎么办？又哭又闹，家长管不了怎么办？这时候我们就需要做第三步——盯反馈。其实孩子一天多玩半个小时不会有什么恶劣影响，会耽误和影响孩子的是孩子不愿意对自己的决定负责。所以，如果孩子半个小时后还想继续看手机，父母可以试着引导孩子，问他："为什么自己答应了半个小时又要反悔呢？是因为最开始做决定的时间太短了，还是在玩手机的时候没有控制好时间呢？"通过这种复盘式提问，孩子会逐渐意识到自己必须对自己的决定负责，并且下一次可以优化自己的决定。

通过这样的培养机制，孩子不会很在乎玩手机这件事，也不会每天和父母抢手机，因为他知道什么时候可以玩手机，什么时候不可以。而且这个标准是他自己定的，他学会了对自己的决定负责。有人说过："每个孩子在成长过程中，都会跟自己的父母有一场战争，如果孩子赢了，就是喜剧；如果父母赢了，就是悲剧。"孩子必须逐渐学会自己做决定并对其负责，这样才能对自己的人生负责。

第三部分

夯实
金字塔
中间层

培养让孩子真正开窍、主动学习的三大思维

第五章
培养孩子的主动思维

为什么成绩处于中下游的孩子很难提升？

　　为什么很多孩子会产生讨厌学习的想法？很多学员的妈妈都问过我这一个问题："为什么我家孩子总是不喜欢读书，甚至很讨厌读书？你让他坐在那儿读书，简直比登天还难。"很多孩子从小学开始就坐不住，父母用了各种方法都没办法改变孩子。很矛盾的是，我们又观察到孩子天生都是有求知欲的。很多孩子从小就会问父母很多问题，如："天为什么是蓝色的？""大海为什么会有波浪？"那么，是什么导致孩子逐渐失去好奇心，甚至开始讨厌学习的呢？

　　当我们耐下心来问所有讨厌学习的孩子，去探索他们内心讨厌学习的真实原因时，我们会发现一个很普遍的现象：讨厌学习的孩子，心里都有一道防线。比如，有的孩子因为不喜欢某个任课老师，从而开始讨厌学习。

　　还有很多同学内心被植入了"智商决定论"。他们从内心就觉得自己的智商不如别人，也总喜欢说一句话："我天生就不适合学习，你们再逼我也没有用。"有的同学确实努力过几天，但几天没有见到成果，就开始否定自己，觉得自己没有"学习基因"。

更可悲的是还有一群总是在"假努力"的同学。我读书的时候班里就有这种同学，他们每天非常努力地学习，几乎很少参加娱乐活动。你只要见到他们，他们都在埋头看书或写作业。但是他们的成绩很难排到上游，基本一直在中下游徘徊。当你仔细观察他们时，会发现他们花了非常多的时间来写作业，但基本都不复习。他们的理由非常充分："老师布置了这么多作业，我有什么办法？"

遇到不喜欢的老师就讨厌这个学科，导致成绩大幅下降；跟朋友吵架，情绪上的负面影响长达数月，导致上课走神无法专注；被老师批评了，就开始放弃学业，自暴自弃；跟爸妈闹不愉快，于是整天记恨，从而对学习失去信心。种种现象都是缺乏主动思维造成的。

主动思维是一种面对困难主动找方法解决问题的思维。所有学习好的孩子都会有一个特征，就是在面对学习的困难、老师的不喜欢和自己从来没有遇到过的问题时，从来不选择逃避，而是去主动面对。主动面对困难这件事看起来是一种行为，但背后是一种思考方式。这种思考方式必须通过他人有意识地引导，才能帮孩子建立起来，因为绝大多数孩子面对困难时的思考方式是原始并且本能的。

我们在初中课堂上学过巴甫洛夫条件反射实验。如果在狗狗每次进食的时候响起铃声，一段时间之后，即使不给狗狗食物，只要响起铃声，狗狗也会分泌唾液。这种基于本能的思考方式也是很多孩子的思考方式。简单类比一下，狗狗听到铃声就分泌唾液跟孩子不喜欢某个任课老师所以成绩下降，都是因为面对外界环境的刺激做出了本能且不理智的条件反射。面对环境毫无思考的应激反应，导致了绝大多数同学很难拥有优秀的学习能力。

不喜欢任课老师	内心拒绝学习这个学科
努力了几天没提高	认定自己就是没有"学习基因"
没时间复习	埋怨老师布置的作业太多

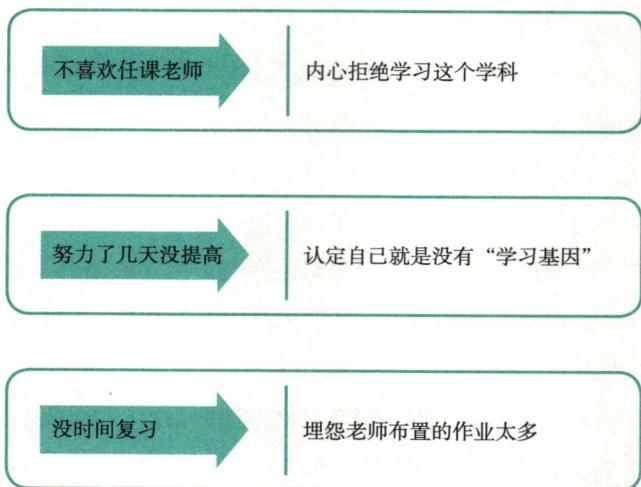

　　缺乏主动思维的影响不仅体现在学习过程中，如果孩子不能在学生时代培养起主动思维，他在进入社会成为职场人之后就会被更复杂的问题困扰。我们在职场总是会遇到一种人，我称之为"扶不起的阿斗"。他们的智力和工作能力都没有明显缺陷，但总是习惯于为自己的问题找借口。一件事没有做好，他们极少从自身找原因，而是把责任都推给他人。老板没那么重视他，他不会认为是自己的工作出了问题，而是觉得是某个同事抢了他的风头。缺乏主动思维会阻碍一个人的成长速度，也可能会让一个人一事无成。

　　我总是喜欢给我们的学员讲维克多·弗兰克尔的故事。维克多·弗兰克尔不仅是维也纳第三心理治疗学派——意义疗法的创始人，也是亲身经历纳粹迫害的幸存者。他的父亲、母亲、兄弟，甚至他最爱的妻子，都在纳粹集中营中被迫害致死，他本人也在其中生活，每一天都可能成为被送进毒气室的牺牲品。然而，他在那里意识到：生命中有一样东西是别人无法从你手中夺去的，那就是你人生最大的自由——在任何环境下选择自己的态度和行为方式的自由！这种主动思维拯救了他，也帮助很多狱友重新获得了活下去的勇气。维克多·弗兰克尔在面对极端环境时，都能运用自己的主动思维，探寻人生存在的意义，相比之下，在和平年代的学习环境中，我们又能遇到什么不能解决的问题呢？

如何培养孩子的主动思维？

　　培养孩子的主动思维并非易事，因为很多成年人也未必有主动思维。前段时间有位学员的妈妈气急败坏地跟我抱怨：孩子的老师一点也不重视她家孩子，孩子上课举手回答问题老师也不第一个叫他。孩子有近视，她去跟老师沟通了半天，老师也不肯把孩子调到前几排，而是依然跟着班级的座位调整走。她打算过段时间给孩子换个学校，因为她觉得这个班主任一点也不明事理。我跟这位妈妈说："你看你不喜欢孩子的班主任就想给孩子换学校，这种思考方式跟孩子不喜欢某一个任课老师，从而不好好学习这个学科不是一样吗？"其实，换学校或者换老师并不能从根本上解决孩子的学习问题，反而可能使他更难适应新的环境。此外，这种思考方式还会给孩子灌输消极的思维模式：如果我不喜欢某个老师，那么我就要使用逃避的方式来解决问题。

　　我向这个妈妈讲了我的初中经历。当时，我们班主任是一个非常严厉的语文老师，所以有很长一段时间我非常怕这个老师，也打心底不喜欢她。直到一次教师节，我妈妈帮我准备了一个小礼物让我去送给这个老师。我最开始非常抵触，一方面我不喜欢这个老师，另一方面我也不觉得她会喜欢我。后来，在我妈的软硬兼施下，我还是鼓足勇气，找了一个课间，趁着办公室没有人，偷偷地把这个小礼物和一张贺卡放到了班主任的桌子上。之后，事情的发展完全出乎我的意料。

放学后，班主任把我叫到了办公室，不仅把礼物退回给我，还递给我一封信。班主任说："子凯，谢谢你的礼物，你的心意老师收下了。这封信是写给你和你妈妈的，回家以后看啊。"可想而知，作为初中生的我面对这种情况完全是手足无措的，我不知道是老师不喜欢这份礼物，还是不愿意收下我的礼物。于是我拿着礼物和老师的信回了家。

回家后，我打开了信，信里老师表达了对我的夸奖，并且提及了我在学习过程中遇到的实际问题。她心里是很喜欢我这个学生的。当时的感受真是令人难忘：一个开始并不被我待见的班主任居然如此赞扬我，并表示喜欢我。从那以后，我对我的班主任产生了完全不同的看法。我开始明白她为什么每天都那么严厉，也渐渐爱上了语文。

我常常跟很多同学说，这个时代并没有那么多坏老师，更多的是由于缺乏主动沟通而对老师产生误解。面对班里几十个调皮捣蛋的孩子，每个老师都有自己的难处。当面对我们不喜欢的老师时，第一步应该是主动与老师沟通并消除误解，而不是逃避。很多家长会抱怨孩子的老师不好，但极少有父母去引导孩子主动与老师沟通。

只聚焦于影响圈的问题

我跟我初中班主任的故事里就蕴含着培养孩子主动思维的第一步，即引导孩子聚焦自己可以影响的事情。我们有限的注意力就像一个圈，圈成了我们的"关注圈"。在我们的关注圈里，有些是我们可以施加影响的，有些是我们无法影响的，可以施加影响的部分构成了"影响圈"。在学生时代，一个孩子常见的关注圈里面会有明星八卦、校园新闻、老师动态、国内国际新闻等。这些事情我们往往没有办法施加影响，但会占据我们很多注意力。但关注圈里有一些事情是我们可以影响的，如自己的学习时间、自己的心态、自己对老师的看法等。

孩子长大了，进入社会也是一样，我们人生中总有很多自己没办法影响的事情，比如基本不能决定公司的发展，很难影响一个公共政策的制定等。但往往还是有很多人会投入大量的时间在自己并不能影响的关注圈内容上，就像我们都遇到过的出租车司机，他们可以不停地跟我们聊1小时的国内外新闻，即使他们并没有任何能力去影响这些事情。

我们在职场中会发现，所有事业有成的人都有一个共同的特质：努力扩大自己的影响圈，而极少把精力放在影响圈之外的关注圈上。他们很少关注公司里的八卦绯闻，也很少花心思琢磨人情世故。他们会把自己有限的精力聚焦在如何实现自己的目标和计划，以及更快地提升自己的能力上。其实在学生时代也是一样，那些学习能力强的孩子往往会更喜欢把精力放在提高自己的学习能力、优化自己的学习习惯、巩固对知识点的理解上。而成绩一般的同学往往会非常关注各种各样与学习无关的事情。

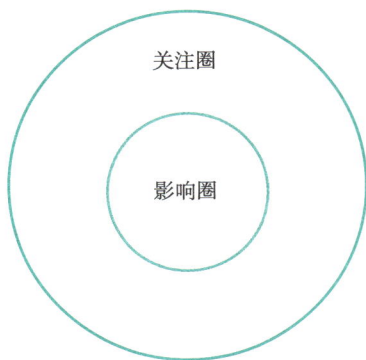

关注圈

影响圈

如何引导孩子学会聚焦于影响圈？其中的关键在于正确提问。比如，孩子跟父母抱怨："之前我的语文成绩很好，语文老师也很喜欢我。后来学校给我们班换了一个新的语文老师，这个语文老师对我态度一般，渐渐地，我上语文课一点也提不起兴趣了，语文成绩也一落千丈。我又没办法换掉我的语文老师，我该怎么办？"正确的引导方式一定不是和孩子一起埋怨老师，也一定不是一气之下给孩子换学校，而是去引导孩子问自己这样几个问题：

· 我可以选择我的任课老师吗？（不可以。）

· 我去学校的根本目的是什么？（学有所成。）

· 我有必要讨厌我的语文老师吗？这有什么好处？（没必要，也没有任何好处。）

· 我是否可以做出比现在更好的选择？（当然可以，别忘了逆袭思维的第一步就是积极主动！）

· 我该如何一步一步实现更好的选择？（可以选择喜欢这个学科，即使讨厌任课老师；可以选择利用下课的时间多跟任课老师沟通；可以选择继续讨厌任课老师，但是为了取得更好的成绩，在这个学科上投入更多的时间。）

大多数孩子在父母的引导下完成这几步思考之后，一般都会意识到在面对自己讨厌的老师时，除了逃避，其实还有很多其他选择。所有这些选择都是我们在动用自己的主动思维之后获得的自由。

其实在学习的过程中，孩子会遇到的困难肯定不只有一个不喜欢的老师。很多同学在学习时，都会因为一次考试的失利而丧失学习的动力，因为跟朋友争吵而影响上课的情绪，因为父母的某句话变得敏感脆弱，等等。所有这些问题的解决，都需要帮助孩子通过"积极思考清单"来让自己的注意力聚焦于影响圈上。由此可以说，帮孩子建立聚焦于影响圈的思维，帮孩子养成使用"积极思考清单"来思考问题的思维，对孩子成长的帮助是终生的。他们会逐渐学会在面对任何困难和挫折的时候，都不轻言放弃，而是动用自己的主动思维去找到更好的选择。

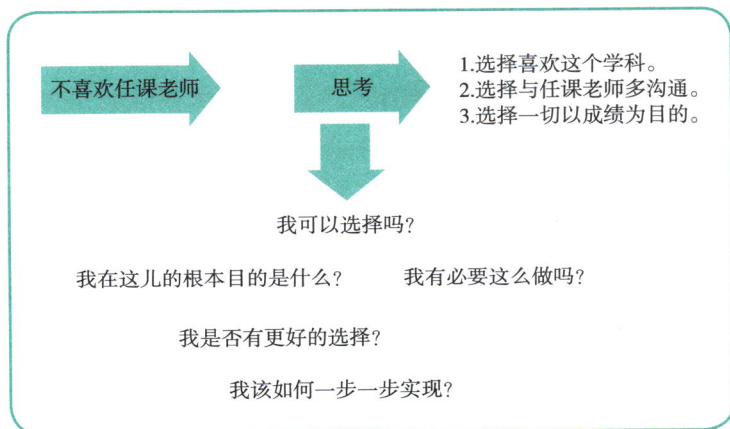

以下是"积极思考清单"示例：

·这个问题是客观原因导致的，还是自己的情绪导致的？

·如果是客观原因，我可以改变这个客观事实吗？

·如果是情绪问题，我有必要产生这些情绪吗？

·在出现问题的这个任务里，我要达到的根本目的是什么？

·对无法改变的客观事实，我能否调整心态尽量做得更好？

·对没有必要存在的情绪，我能否调整心态？

·比起现在的面对方式，我是否有更好的选择？

·我应该如何一步一步实现更好的选择？

培养积极的想象力

想要拥有主动思维，只关注影响圈和"积极思考清单"是不够的。一个同学曾经向我提出了这样的问题："学长，我觉得你说得很有道理。可是我真的很难做到，一看见语文老师的脸，我就完全没有学习的动力。我应该怎么办才能拥有主动思维呢？"只是告诉大家应该聚焦于什么样的问题，以及应该用什么样的思考方式，并不能解决大多数同学的实际问题，因为大多数同学会本能地去讨厌、恐惧、愤怒或者害怕。

情绪是人类在漫长的进化过程中所进化出来的本能反应。丹尼尔·卡尼曼在他的畅销书《思考，快与慢》中提出了我们的大脑有快与慢两种做决策的方式。常用的无意识的"系统1"依赖情感、记忆和经验迅速判断事物，它使我们能够迅速对眼前的情况做出反应。但"系统1"也很容易被误导，它固守"眼见即为事实"的原则，容易被厌恶、乐观、偏见之类的错觉引导而导致错误的选择。有意识的"系统2"通过调动注意力来分析和解决问题，它比较慢，但很少犯错；同时它很懒惰，经常采用"系统1"的直觉型判断结果以走捷径。

卡尼曼所说的"系统1"引擎其实就是我们的情绪。例如，在大庭广众下演讲时，我们往往会出现面红耳赤、心跳加速的情况；在面对考砸的考试成绩时，我们会本能地出现沮丧、失落和懊恼的情绪。这些情绪无可避免，因为情绪本身是帮助我们趋利避害的有效手段，而且是非常节省能量的手段。比起理性的思考，情绪可以在消耗极少的能量的情况下，帮助我们直接做出有效的决策。就像原始社会的人们突然遇到一头猛兽一样，恐惧的情绪会瞬间激发我们肾上腺素的分泌，从而帮助我们更快地逃跑。但在学习过程中，我们必须避免过多地被情绪包裹，学会有效地克制自己的情绪。

如何才能控制自己的本能情绪呢？能够打败本能的是我们的想象力。如果我现在让你想象一头红色的恐龙在骑自行车，你可以做到吗？我相信你可以轻易做到。不要小瞧想象力，这是我们人类独有的能力。换句话说，地球上除了人类，其他任何一种生物都没有办法想象出一头恐龙骑自行车的画面。为了实现想象，大脑需要连接不同概念的神经纤维来进行反应。大脑需要具备协调性才能发挥想象功能，从而使来自大脑不同部分的信号同时到达，在前额叶皮层与枕叶相连的神经纤维上完成协调连接。不同的神经纤维长度不同，因此，大脑必须改变它们传递信息的速度。大脑可以通过包裹神经纤维的髓鞘的厚度来改变信息传递的速度，以确保信息同时到达，进而实现想象，达到控制情绪的目的。

拿我自己举例，我以前一上台就很容易紧张到说不出话来。后来参加了国内一位知名演讲教练的培训，学到一个有效克服恐惧的方法：每一次需要当众演讲时，我都会提前10分钟站到舞台下面，然后一边看着陆陆续续进场的观众，一边在心里暗示自己："这些观众都是我最好的朋友，我今天只是在跟我的朋友聊天。跟朋友聊天，随意就好。"我在干吗？我其实就是在动用自己的想象力，把台下这些原本陌生的观众想象成自己亲密的朋友。在跟自己的朋友聊天时，没有人会紧张。在动用了自己的想象力之后，我成功地克制住了对当众演讲的恐惧感。想要拥有想象力其实很简单，只需要按以下步骤来进行：

1.设定一个场景；

2.想象场景中的人和物品；

3.想象自己会如何与周围的人互动。

如果孩子很讨厌上语文课，很不喜欢语文老师，我们如何才能帮助孩子运用想象力去克服呢？我当时是这么解答本小节开篇那个同学提出的问题的：把你的语文课堂想象成一个辩论现场（如很多同学都爱看的《奇葩说》现场），把自己想象成一位出色的辩论选手，把你的语文老师想象成对方辩手，把周围的同学想象成观众。你需要非常仔细地听老师在课堂上说的每一句话，因为他是你的"辩论对手"。如果老师在课堂上说错了话，你就可以在心里窃喜："嘿，你的错误被我发现了吧！"但如果老师讲到了很有趣的知识点，你也可以在心里鼓掌以认可老师的观点。

拥有想象力其实很简单，但很多父母每天在做的不是培养孩子的想象力，而是扼杀其想象力。我们必须承认，对大多数孩子来说，学习是一件很苦的事情。每天需要待在一个房间里十几个小时，这与人类的本性相悖。如何才能在这种辛苦的学习生活中苦中作乐呢？拥有想象力从而培养主动思维就至关重要。想象力让同学们情绪更稳定，因为他们可以通过想象力来克服情绪的失控。我自己在学生时代就有一个活跃想象力的锻炼方法。当我非常想达成某件事时，我会预先想象出达成后的情景，比如我会有多开心，周围的人会如何投来赞许的目光，我会如何犒劳自己。有趣的是，通过这种积极的心理暗示，很多时候事情真的变得更顺利且更如我所愿了。

说主动的语言

培养主动思维归根结底是培养孩子的思考方式。无论是关注于影响圈的"积极思考清单"，还是培养孩子的想象力，都是面对实际问题的思考方式。但在实际培训孩子学习能力的过程中，我们发现只是通过思维上的建设是不够的，还需要设置一套机制，以帮助孩子每天都能够提升自己的主动思维。这套机制被我称为"家庭积极清单"。

心理学上用"认知一致性"来描述人有一种驱力促使自己对客体产生一致的认知和行为的现象。简单来说，就是一个人每天说出来的话，会反过来影响他每天的心态。比如，一个孩子每天都消极地说："我真不是一块学习的料啊！"那么，这个孩子就会逐渐认同自己所说的话，从而变得越来越消极地对待学习。所以，一定要从孩子每天说的话入手，把孩子的消极语言改为积极语言。

曾经有一个孩子跟我说："学长，我不是学习这块料，谁逼我都没有用。"我告诉他："这样吧，我们尝试进行一个小实验，叫作'30天承诺'。我们不需要做很多事情，开始只需要每天改变一句话即可。当你在学习过程中，每次有意识或无意识地说出'我不是学习这块料'时，我们把这句话改成'我可以通过努力提高我的成绩'。"他听从了我的建议。就这么对语言的一点点改变，这个孩子慢慢地像变了一个人，学习成绩不断提升。该案例背后的原理其实很简单——学习本质上是一种主动思考的过程。当这个孩子每天都在对自己说"我不是学习这块料"时，他一旦遇到难题和难以理解的知识点，就会下意识地退缩，从而错失一次主动思考的机会。但如果他每天都对自己说"我可以通过努力提高我的成绩"，那么当再次遇到难题时，他会比以前更有耐心，更容易展开思考，在此过程中，他的成绩当然也会提高。

消极被动的语言是指哪些？例如，很多孩子常说的"我就是天生不聪明""老师也没有让我做啊""我最多就是这个成绩了"，这些都属于消极被动的语言。它们共同的特征在于否定问题存在解决方案的可能性，并对现有状况不做改变，放弃努力。与消极被动的语言相对的是积极主动的语言。比如，同样是面对成绩下滑，拥有主动思维能力的同学会说："我可以通过努力提高成绩""我可以选择每天做××来提高成绩""我可以通过学习学习方法来提高学习效率"等等。积极主动的语言更侧重于问题的解决方案。这类孩子承认问题本身的存在，但从不放弃希望，认为无论遇到什么困难，总会有方法解决。

改变孩子说消极语言的习惯，父母需要做的不仅仅是引导孩子，更重要的是每个家庭成员都开始说积极的话。我们见过很多父母每天当着孩子的面也说出许多消极语言。比如，有的父母会说"我这个领导真是糟糕透了，我完全受不了了"，有的父母会吐槽配偶"你从刚结婚的时候就这样，到现在也一点都没变，你们家都是这个德行"。孩子在这种语言环境

语言检查清单

消极被动	积极主动
我就是天生不聪明	我可以通过努力提高成绩
老师也没让我做啊	我可以选择每天做××来提高成绩
我最多就是这个成绩了	我可以再考更多的分数
同学简直把我气疯了	我可以选择控制自己的情绪
我做不到……	我可以努力做……
要是……就好了	我之后应该改进……

中耳濡目染，当然也会逐渐变得消极被动。所以我建议每个家庭制订"家庭积极清单"。

以下是制订"家庭积极清单"的三个步骤：

第一步：回顾。全家回顾最近3周做过的消极回应，并记录下来。

想想自己最近3周做过的消极回应

1　_____

2　_____

3　_____

第二步：升级。想想在同样情况下，我们可以如何积极回应，并且把积极回应写在相应的消极回应旁边。

第三步：复盘。在下一周重新审视自己的语言，思考是否有更积极的表达方式。

曾经有一个家庭实施"家庭积极清单"后，那位妈妈激动地与我分享道：以前，他们家不仅孩子的学习很被动，总是需要父母催促才能学习，他们夫妻的关系也常常沉浸在消极的思维中，总会因为小事而牵扯到十几年前的事情，从而吵得不可开交。但自从全家人开始改变消极的语言后，家里的气氛明显更加和谐，不仅孩子开始主动寻找解决学习问题的方法，孩子的爸爸也开始思考如何改善夫妻关系。这真是出乎意料的收获啊。

第六章
培养孩子的目标思维

为什么孩子很努力但不出成绩？

很多家长向我反映了这样的问题："我的孩子很努力地学习，也能够按时完成老师布置的作业，但成绩就是上不去，这是怎么回事呢？"确实，我们在学生时代总会遇到这样一类同学，他们勤勤恳恳地学习，认真地完成老师布置的作业，但成绩总是在中游徘徊。而且这一类同学在小升初或初升高的过程中，很容易遭遇成绩断崖式下滑。那么，问题出在哪里？问题在于这一类同学缺乏目标感，也就是缺乏目标思维。缺乏目标感的学习好比在环形赛道奔跑的小老鼠，虽然每天都努力向前，但仿佛一直在原地踏步，没有提升。

很多孩子会陷入环形赛道中，这归根结底是因为他们没有搞清楚学习的目的。我曾调研了几十个小学生和初中生，问他们："你们觉得学习的目的是什么？"他们的回答大致分为：为了应付老师检查而学习、为了完成作业而学习、为了父母满意而学习、为了能够考出好成绩而学习。无论是为了老师、为了作业、为了父母还是为了考试去学习，都会导致孩子在学习过程中陷入误区。

那些把写作业当成学习目标的孩子，每天花费大量时间写作业却从不复习，在写完作业后什么也没有学到。平常感觉学得不错，一到考试就容易发挥不好。那些把考试当成学习目标的孩子，一次考试没有考好就会陷入低落情绪和自我怀疑中，然后很长一段时间没有学习的动力。那些为了老师或为了父母学习的孩子，总是在乎老师或父母的每一次评价。他们需要一直生活在老师和父母的夸奖中，一旦老师和父母表现出消极的态度，他们也会很快丧失学习动力。还有的孩子会把记笔记当成学习的目的，把笔记本搞得花里胡哨，却耽误了上课听讲和下课复习。

这种学习过程中的目标感丧失会让很多孩子疑惑为什么自己很努力了，但成绩总是提不上去。事实上没有目标感的学习就像不知道终点的奔跑——无论跑了多久多远，都收不到任何积极的反馈。这种不知道终点的奔跑让孩子耗尽了学习动力。

那么，学习的目标到底应该是什么呢？在我看来，学习的核心目标只有一个：真正掌握知识。所谓真正掌握知识，就是把课本上的每一个知识点搞明白，把自己做过的每一道题理解清楚。只有这样，才算是真正掌握了知识。当我们意识到，学习过程中无论是考试、写作业、上课还是记笔记的核心目的都是掌握知识时，我们会对很多事情有更明确的思考方向。

很多同学频繁地询问我以下问题：

学长，晚自习应该先写作业还是先复习？

学长，我学习成绩不好，该怎么办？

学长，我跟好朋友闹矛盾，影响了成绩怎么办？

学长，我讨厌我的老师，导致我这个学科学得不好，该怎么办？

我的回答通常是："你之所以会有这些困惑，本质上就是因为你丧失了学习的目标感。你忘记了真正的学习目标是掌握知识。"比如，当你疑惑晚自习应该先写作业还是先复习时，你只需要问自己一个问题："哪一种方式能够更好地帮我掌握知识？"显然，先复习再写作业是一个更好的选择，因为先复习后写作业可以提高效率，而且把写作业变成了一次复习的机会。所以当我们再回过头来看很多同学现在的学习方式时，就会发现同学们每天忙忙碌碌地花了很多时间写作业，不仅复习的时间被浪费了，而且写作业的效率很差。

不复习，先写作业

不复习，成绩不断变差

恶性循环

知识点不懂，写作业很慢

写作业慢，更没时间复习

这是我画的一张缺乏目标思维的恶性循环图。很多同学每天不复习而先写作业，就会导致知识点没有搞明白，写作业速度很慢。因为写作业慢，就更没有时间复习。每天熬夜写作业到很晚，但当天所学的知识根本没有理解。因为每天熬夜写作业，第二天上课又犯困，导致学习效率进一步下降。因为第二天白天上课效率变差，晚上写作业会更慢。于是不明白的知识点积压得越来越多，导致成绩逐渐变差。只是简单的一个不复习而先写作业的动作，居然导致了这么一长串的恶性后果，这就像正在坍塌的多米诺骨牌一样，一发不可收拾。

那么，学霸每天会怎么做呢？以我的初中经历为例。刚上初一时我成绩很差，第一次期中考试成绩排名班级倒数第十。期中考试成绩出来之后，我把自己锁在房间里哭了很久，因为我不理解为什么我这么努力，成绩却这么不理想。后来妈妈推开我的房门，问我："你觉得学习的目的是什么？你每天那么努力但不出成绩，是不是因为每天的效率太低了？"这两个问题让我茅塞顿开！我突然明白了，如果毫无目标地完成老师布置的作业任务，成绩并不会得到提升。

于是我开始思考如何改变每晚用几个小时完成作业的习惯。在此之前，我基本上每天完成作业之后就已经筋疲力尽，更别说花时间来自主复习了。那这样努力的效果怎么样呢？当然是很差的。我每天像完成任务一样去学习，根本没有检查自己有没有真的搞懂当天学到的知识点。所以每天看似很努力地学习，脑子里却是一团糨糊。尤其是数学、物理、化学等科目，各个章节的知识点基本都是相关联的。如果不主动去多次复习，我们很难让那些又细又乱的知识点在脑子里形成体系化的理解。于是我做了一个很简单的改变：每天先复习再写作业。这样做提高了我的学习效率，我因此更好地理解了每一个知识点。

为什么学霸学习一直很好？

先复习再写作业这件事看似很简单，只不过是一个微小的改变。但这个改变一旦开始发生，后续产生的影响是巨大的。我把这种影响称为"飞轮效应"。一旦我们开始先复习再写作业，就会发现每天晚上写作业的速度加快了。为什么写作业的速度会加快？因为经过一轮复习，我们对当天所学的知识点及知识点的应用有了基本的理解，这样写作业就不是囫囵吞枣地应付任务，而是真正基于新学的知识在思考和做题。我们写作业的速度加快之后，逻辑链条上的下一个结果产生了——我们晚上可以留出时间预习了。

我多次强调过预习对学习的重要性。一个中学生一天大概有10小时是在课堂上度过的。但对大多数同学来说，当堂所学的知识点平均只有30%～50%的摄入量。也就是说，每天课上有一半的时间被浪费了。为什么当堂知识点的摄入率这么低？因为每堂课都在学习新的知识点。对大多数普通同学而言，新知识的学习过程是又慢又难的。尤其是遇到了比较难的章节知识点，很有可能一堂课下来什么都没有听懂。提高课堂效率的最好方法就是预习。通过预习第二天要学的知识，可以把当堂知识点摄入率提高到70%～90%。设想一下，每天都有30%的课堂效率提升，只要坚持下去，效果一定是显著的。

但无论我怎么强调预习的重要性，总会有同学向我抱怨："学长，我现在连作业都做不完，怎么有时间预习呢？"这样抱怨的同学其实就是在学习过程中丧失了目标感。事实上，写作业并不是学习的终极目的，我们需要时刻想清楚如何合理安排时间才能更好地掌握知识。我甚至提出过一个听起来很"荒唐"的观点：如果写作业妨碍了我们掌握知识，那宁可不做作业！我相信很多家长听到我这种观点一定很反感："你怎么可以误导我们家孩子不写作业？"其实，我在上高中时也经常没有按时完成作业，尤其是涉及那些我早就掌握的知识的作业，我宁愿简单应付过去，把时间节约下来去加强自己的薄弱环节。具体的预习方法我会在第四部分"磨炼金字塔顶层"中根据学科分享。

所以，我们意识到预习的价值之后，接着就会启动飞轮效应的逻辑链条。随着写作业速度的提升，留出了预习时间，白天上课时的学习效率自然会更高。随着学习效率的提升，晚上写作业前的复习速度也加快了，因为已经掌握了当天课堂的知识点。接着，因为复习速度的提升，写作业的速度也会随之加快，每天留出的预习和自主学习的时间也就越多。你发现没有，这就像一个越转越快的飞轮，一点小的改变带来的是学习效率的全方位提升。

先复习，再写作业

学习效率变高，复习的速度提升

飞轮效应

掌握知识点，写作业更快

留出更多时间进行预习

开启飞轮效应最难的是什么？我在陪伴学员提升学习能力的过程中发现，最难的一步是开始改变。很多同学在固有的学习状态中待得太久，又长期被父母的错误教育观念影响，导致他们不敢做出这个改变。这时，我会引用爱因斯坦的名言："持续不断地用同样的方法做同一件事，却期望得到不同的结果，这就是荒谬。"如果我们一直采用低效率的学习方法而期待成绩在一夜之间得到提高，这是不切实际的。想要把大多数同学带出固有的低效率学习习惯，最重要的是帮孩子建立目标思维。

所以，为什么学霸学习一直很好？因为大多数学霸深刻意识到了学习的目标是掌握知识。任何能够帮助自己掌握知识的事情他们都会积极去尝试，并避免和克服阻碍其掌握知识点的问题。除了前面提到的先复习再写作业，学霸对待考试的态度也与普通同学完全不一样。对大多数同学而言，考试是对一个阶段学习成果的检验，因此往往将考试成绩当成了学习的目的，一旦考试考得好就容易浮躁而学不进去，一旦考试没考好就会心灰意冷、自暴自弃。

学霸们是如何看待考试的？大多数学霸会将考试当成提升自己成绩的起点。平时小测没考好，说明对相应知识点没有理解透彻。暴露的问题越多，学霸会越开心，因为这样就可以掌握更多知识（注意，这是学习的目标）。期中或期末考试没有考好也一样，大多数学霸会在放假第一天拿出试卷并仔细分析错题和犯错原因，进而通过考试暴露的问题，反思学习规划和学习习惯是否需要调整。相对而言，那些缺乏目标思维的同学，一遇到期中或期末考试没有考好的情况，就感到焦虑不安，仿佛面临世界末日一般。但是学霸们深知学习不是为了期末考试成绩，而是为了掌握更多知识。

目标思维的建立不仅会帮助更多孩子在学习中取得更好的成绩，也会帮助孩子建立终身成长的观念。多年来，我发现有些高考状元在进入大学后失去了目标，开始浑浑噩噩地混日子。这是因为他们没有建立起足够的目标感。他们把高考当成了自己学生时代的终点，一旦考上一所很不错的大学，后面就不知道该怎么做了。也有很多高考考得并不好，但始终保持强烈好奇心和终身学习态度的人，他们通过各种方式，也取得了很不错的成就。这两者之间的本质区别就是是否拥有学习的目标感。

其实拥有学习目标感也很简单，我总结为三步。

第一步：明确正在做的事情的目标

学习的目标是什么？不是为了完成作业或某次考试拿高分，也不是让老师满意或让父母开心，而是真正掌握知识。什么叫掌握知识？就是对一个知识点，我理解它的概念，我能够应用它，我真的把它记到了脑子里，我能够跟任何人讲明白这个知识点是什么意思。明确目标最难的一步是找出最本质的目标。为了在考试中取得好成绩而学习，为了完成作业而学习，等等，这些都是目标，但都不是本质目标，所以经常误导我们的行为。

如何才能制订出本质目标？我的心法是这个目标不能是为了他人的看法，只能是为了自己的成长而制订的。比如，"掌握知识"就是有利于自己成长的目标，"完成作业"就是为了让老师满意而存在的目标。很多父母会告诉孩子："你学习不是为了我，而是为了你自己以后有好的生活。"但一旦孩子没有考好，他们又会勃然大怒地斥责孩子。这两种行为其实是矛盾的。如果孩子学习是为了自己，那么就应该对自己的学习负责。很多孩子之所以会把学习的目标设定为符合老师或父母的期待，其实是因为没有感受到学习本身的乐趣。这个话题在前文中有很多论述，这里就不赘述了。

寻找自己所做事情的目标是一个长期的人生话题。马克斯·韦伯说过："人是悬挂在自我编织的意义之网上的动物。"所有人无论做什么事情都在寻找意义和目标，所以我们不要苛求孩子在短时间内就能够拥有目标感，也不要苛求他们在几天内就找到本质目标。我们只需要在孩子的心里种下种子，逐渐提升他们寻找目标的能力，并帮助他们在人生各个阶段开启追寻自己意义的旅程。

第二步：放弃当前的学习方式

明确目标之后，我们需要放弃当前的学习方式。比如，一个学习效率长期很差的孩子，他在一天24小时内的所有学习行为可能都是有问题的。我们一定不要被固有的习惯困住。我强烈建议父母和孩子一起完成学习习惯自检表，记录孩子一整天的学习习惯，并逐项分析哪些习惯违反了学习目标，哪些习惯无法帮助孩子掌握知识。评判标准很简单，问孩子一个问题：这段时间的学习效率到底高不高？了解自己是改变自己的第一步。

7:00—7:30	起床	
7:30—8:00	吃饭，去学校	
8:00—9:00	背诵语文课文	效率低
9:00—10:00	做数学题	
10:00—10:30	跟同桌聊天	浪费时间
10:30—12:00	做物理题	大题浪费太多时间
14:00—15:00	背英语单词	头脑不清醒，下次上午背
15:00—16:00	上课记笔记	课堂内容不清楚，需要预习
16:00—17:00	上地理课	
17:00—18:00	休息	休息效率差，下次趴着睡觉

上面是我帮一位初中同学制作的学习习惯自检表，其中按照分钟记录了这个同学一整天的学习习惯。仔细查看每个小时的学习任务分配，会发现这一天的时间安排存在不少问题。比如，10:00—10:30的大课间用来跟同桌聊天，这是纯粹浪费时间的行为；14:00—15:00用来背英语单词，但下午这段时间头脑不清醒，所以效率很低；等等。需要注意的是，每个孩子的时间规划都有其特殊性，有的孩子早上和上午比较清醒，我们称这类孩子为"百灵鸟型"的学习者；有的孩子晚上学习效率更高，但白天很容易犯困，我们称这类孩子为"猫头鹰型"的学习者。

制作学习习惯自检表的过程就是放弃当前学习方式的过程。一个孩子学习习惯的养成是一个长期的过程，会受到父母、老师、同学等许多外界因素的影响，所以改变这些习惯需要时间。

第三步：从目标倒推现在该怎么做

学习习惯自检表的核心在于要引导孩子认真分析自己学习的动作符不符合"掌握知识"这个学习的目的。重点去看下面这几种坏习惯：

1.纯粹浪费时间的习惯。比如，课间只用来与同学聊八卦，上课不认真听讲而只顾着抄笔记，或者熬夜刷剧、玩游戏等情况，应尽可能避免。

2.低效率的学习习惯。比如，没掌握知识点就写作业，导致写作业的速度特别慢；背单词时没有使用《艾宾浩斯复习计划表》，导致反复背诵单词却总是容易忘记（关于《艾宾浩斯复习计划表》的使用在第八章有详细分享）；总是喜欢刷新题，但很少花时间去研究自己做过的错题，导致做过的错题反复出错，从而陷入低效率的题海战术里。

3.不符合黄金记忆时间的习惯。人一天会有4次黄金记忆时间，这些时间最好用来背诵和记忆，剩下那些记忆效率比较低的时间可以用来做题或做作业。不过，需要强调的是，不同人的黄金记忆时间存在差异，我们需要根据孩子的生理状态进行微调。

下面是黄金记忆时间表：

6:00—7:00　第一次黄金时间

此时大脑最清醒，最适合背课文或英语单词等内容。

8:00—10:00　第二次黄金时间

这段时间在午饭前，大脑还处于兴奋状态，比较适合背诵和记忆知识点。

18:00—20:00　第三次黄金时间

这是晚自习时间，这个时间段的思维也比较清晰，可以用来复习当天学过的内容、回忆背过的课文或知识点、加强巩固记忆。

21:00—22:00　第四次黄金时间

这时已夜深人静，特别适合背书和做题。此时头脑清醒，记忆效果会显著增强。

培养孩子目标感的工具：OKR

为什么大多数孩子在学习过程中没有目标感？关键问题在于父母给孩子搭建了一个错误的目标激励系统。很多父母喜欢通过设定物质目标来激励孩子学习，如"你这次期中考试必须考进班级前20名才能给你买自行车"。也有一些父母喜欢通过利益互换来激励孩子，如"你今晚7点前必须完成作业才能玩手机"。这种通过外界物质激励孩子学习的方式我们称为"KPI激励"。

KPI，全称为key performance indicator，即关键绩效指标。这是很多企业管理员工的时候会用到的一种激励方式。比如，开会时，老板跟员工说："今年咱们做到1000万元的业绩，年底就给大家发奖金。"这句话里的"1000万元的业绩"就是一个关键的绩效指标，员工只有完成了这个指标才能获得相应的奖励。类比一下，当父母跟孩子说"你这次期中考试必须考进班级前20名才能给你买自行车"，其实跟老板说的必须达成1000万元的业绩才能领奖金背后的原理是一样的，都是通过外界的物质奖励来激发一个人的主观能动性。

很多父母想要通过KPI的目标激励来激发孩子主动学习，但结果往往事与愿违。我曾经接到一个初一孩子父母的咨询，父母说这个孩子小学成绩特别好，基本上都是班里的前几名。可到了初一后，这个孩子的成绩一次不如一次，最近的一次期末考试只考了班里的中游水平。孩子的妈妈很着急，问我为什么孩子的成绩会突然下降，是不是跟不上初中的学习节奏了，还是被其他同学带坏了。我跟这个孩子深入沟通之后发现，他最大的问题是完全不知道自己为什么要学习。小学的时候，孩子妈妈每个学期都承诺他，只要他考进班级前三名，就给他买他想要的礼物，有时是一双新鞋，有时是一副耳机，所以他一直都在为了得到礼物而去学习。但到了初一，他发现自己想要考进班级前三名比以前要难很多，他就觉得自己没有希望得到礼物了。这个孩子的原话是："那一刻我突然不知道自己学习是为了什么。"

KPI的目标激励系统最大的问题在于目标制订的过程。无论是老板设定的业绩目标，还是父母设定的成绩目标，本质上都是自上而下设定的强制性目标——从更高层级（如父母、老板）向下（如孩子、员工）传达的任务目标。这种强制性的目标设定往往会激发孩子的抵触心理，因为孩子内心可能并不真正认可这个目标。所有有职场经验的父母也一定有这种体会，如果领导突然下达一个指标，这个指标还直接跟自己的工资提成挂钩，大多数人的本能反应是抵触的。职场的成年人都会有这种抵触情绪，更别说孩子了。

那么，如何才能有效激励孩子呢？只有通过内心激发"向善"的天性，才能让孩子确切地拥有目标感。比如，学习知识是完善自己的过程，激发孩子的好奇心是关键，孩子需要意识到学习本身具有价值和意义，才能真正激发孩子内心的欲望。我们需要相信每个孩子都是一个"完人"。很多父母在教育孩子时，总是认为孩子有各种各样的问题，如他们认为孩子天生就不喜欢学习、天生就很懒惰等。基于这个前提设计的激励机制一定是通过外界物质来激励孩子。这就像很多老板默认员工容易偷懒、不好好干活一样，会设置各种奖罚制度来限制员工。

基于每个人都是"完人"这一思路所设计的激励系统，就是现在各大公司开始采用的新型管理方式OKR。OKR，全称为objectives and key results，即目标与关键成果法，是一套明确和跟踪目标及其完成情况的管理工具和方法，由英特尔公司创始人之一安迪·格鲁夫发明。OKR与KPI最本质的区别在于目标制订的过程。在采用OKR管理的公司中，所有员工的工作目标都是由员工自己提出后，再与领导进行讨论协商达成的。这个目标是员工自己认可的目标，可以激发员工的动力。与以往的自上而下传达KPI指标不同，OKR是一种自下而上设定目标的方式。每个员工都会以公司大的战略目标为基础，拆解出自己每个月的工作目标。目前像美国的谷歌公司、国内的字节跳动等都采用这种管理方式来激发员工的积极性，并且在实际管理中取得了非常好的效果。

我在字节跳动工作时，亲身参与过OKR目标系统的制订。在使用OKR指标来制订自己的工作目标过程中，我最大的感受就是这种激励系统是尊重人性的。OKR不是通过奖金的激励来逼迫我完成老板想要的业绩，而是通过我自己的思考来制订我认可的目标，甚至所设定的目标不需要承诺一定完成，因为OKR目标必须具有挑战性。我们部门每两个月会制订一次OKR双月目标，首先根据部门大战略思考如何帮助部门完成战略目标，然后拆解到自己具体的工作上。每两个月之后，我们会组织部门内部的复盘会议，对目标的实行情况进行探讨和分析，总结优点和不足之处。

通过自下而上制订每个月的目标，我自己深切感受到了这种激励方式的魅力。首先，这个目标不是任何人强加给我的，而是我通过自己的思考和判断制订的，而且我所制订的这个目标对整个团队和公司都有价值。其次，因为OKR目标不是一个非完成不可的硬性指标，所以我在制订目标的时候往往会设定得难一点，这样的目标会更有挑战性，也就能够更好地激励我在工作中积极思考和加倍努力。最后，OKR目标的完成程度并不会跟绩效和工资挂钩，所以我不是被物质胁迫去工作，而是为了追求自我成长去努力的。

因为亲身体验过OKR目标系统的价值，所以我在培训学员的时候，就一直在思考如何把这套世界优秀企业都在用的管理方式用在对孩子的学习引导上。既然一个优秀企业可以使用OKR来管理员工，那么一个家庭也可以使用它来帮助孩子提高学习能力，塑造孩子的目标思维。所以在实际培训中，我们有意识地帮助更多家庭以家庭为单位进行学习目标OKR的制订，并且取得了很好的效果。

如今有更多的孩子开始参与自己学习目标的制订过程，比起那些被物质诱惑的孩子，他们更能体会到学习本身的意义；也有更多的孩子在跟父母讨论目标的过程中，逐渐学会了如何跟父母进行有效的沟通；当孩子意识到他们确定的目标不是一个强制的硬性指标之后，他们也不会因为某一次考试的失利而对学习产生厌恶情绪。因为具有诸多益处，所以我们把这套OKR目标制订策略称为"目标教练"，就像安排一个教练入驻每个家庭一样，让孩子们学会制订自己的目标OKR。

使用目标教练塑造孩子目标思维的第一步是以家庭为单位制订每个学期的学习目标OKR。每个孩子的学习目标OKR由两部分构成，分别是目标和关键结果。所谓目标，就是这个学期孩子希望取得的结果，如前进多少名，或者掌握某一个学科的知识点，等等。所谓关键结果，就是为了达成目标所要做的事情。比如，想要进步10名，就需要每天坚持先复习再写作业、每天早上坚持晨读、每个周末整理错题等。需要注意的是，关键结果必须是为目标服务的，也就是说，通过完成关键结果，我们可以实现目标。举个例子，下面是我帮一个高三的孩子确定的高三下学期学习目标OKR。

终点计划（学生篇）		
目标：objectives	我的目标大学	厦门大学
	我的目标专业	传媒专业
	我的成绩总分	640
关键结果：key results	现在对我最重要的事（列下三件事）	每天确保掌握当天的知识 每周复习当周的所有知识点 整理所有错题，确保不再犯相同的错

这个同学的目标是考上厦门大学的传媒专业，所以高考总成绩需要达到640分。为了实现这个目标，他需要在这个学期坚持的"关键结果"有三件事：①每天确保掌握当天的知识；②每周复习当周的所有知识点；③整理所有错题，确保不再犯相同的错。当然，他每天需要完成的事情远不止于此，但我建议所有刚开始实践OKR的同学先选择每天对自己来说最重要的三件事，即三件最能够帮助自己提升成绩的事情。

现在让我们一起模拟一次OKR的制订过程。你可能需要一张空白A4纸，以跟随我走完以下流程。

目标教练一：设定OKR的目标

首先，与孩子一起制订一个目标。这一步的关键是尽可能让孩子自己制订目标，父母不要做太多的干预和引导。你可以问孩子一个问题：你想这个学期实现怎样的学习目标呢？如果孩子回答不出来，就换一个更具体的问题：你希望这个期末考进班级的多少名呢？孩子说出一个名次之后，不要着急，先看看这个目标是否符合以下三个标准：

1.目标是孩子自己说出口的。在所有OKR制订的过程中，关键是要自下而上地制订目标，也就是目标应为孩子自己愿意说出口的。这样孩子自己更愿意去接受，日后也更愿意去坚持。我特别不建议父母帮孩子制订目标。父母确立的目标只是自己的一厢情愿，孩子不能从心底认可，这个目标就不可能达成。还记得我说OKR目标系统的逻辑前提是相信每一个孩子都是完美的孩子吗？我们要相信，只要给孩子自由选择的权利，他们就会定出让我们惊喜的目标。

2.目标是要有挑战性的。制订学习目标OKR时，尽可能引导孩子定出有挑战性的目标。比如，一个成绩处于班级中游水平的孩子定出一个前进3名的目标，就没有什么挑战性。我建议在孩子能力范围内，尽可能让这个目标需要努努力才能够得着。比如，一个成绩处于下游的孩子目标是进入班级中游，一个成绩处于中游的孩子目标是进入班级中上游。一个需要努努力才能够到的目标会给孩子带来一些压力，从而在每天的学习中产生更多的动力。人天生就是有惰性的，孩子一定不愿意去制订一个看起来很难的目标。这时候父母记得跟孩子强调，这个目标不会跟任何礼物、休息时间或跟朋友玩乐的时间挂钩，它只是为了让他看到前进的方向，他也不会因为没有完成这个目标而受到任何惩罚。

3.目标是要能够激励人心的。在制订目标的过程中，最让父母们头疼的问题是孩子并不愿意做这件事。就像有位妈妈跟我抱怨的一样："我们原本兴致勃勃地想帮孩子制订学习目标，结果孩子非常抵触，根本不愿意参与。"解决这个问题并没有一蹴而就的方法，首先，我建议遇到这类问题的父母再看一遍本书的第二、三、四章的内容，从日常教育中激发孩子的改变。其次，我们探索出的最有效的方法是以家庭为单位共同制订目标。我们可以有仪式感地每个月跟孩子一起制订OKR——不仅是孩子制订自己的学习目标，父母也可以制订自己的工作目标。这种家庭互动方式可以像玩游戏一样，让孩子感受到其中的乐趣。

目标制订过程的好坏基本上决定了学习目标OKR的整个过程的好坏。大家一定不要小瞧孩子在确立目标之后的改变。在美国，有一个组织专门致力于贫困山村、落后地区的教育。在这个组织中有一个非常有趣的案例。一位老师被派到一个乡村支援其教育。那个地方的学校教育很糟糕，孩子们的听读能力都特别差，识字率也很低。村里的孩子觉得，反正大家都不好好上学，家里也穷，所以就不太重视上学这件事。

后来，这位老师去了以后，就思考怎么改变这个地方的学习氛围。他的办法是告诉他所带的全班小朋友——他们正处于一年级下学期——"我有一个目标"。然后他说了自己的目标："我要让你在这学期结束的时候，达到三年级的水平。你们愿意跟我一起干吗？"孩子们觉得这很有意思，因为要在一年级结束的时候达到三年级的水平，这是不可思议的。这个目标很有激励性，他们都愿意参与。之后，全班同学都围绕这个目标献计献策，讨论如何让每个人在一年级结束的时候能达到三年级的水平。在他们确立了这个共同目标后，所有人的动力都被调动起来。一学期后，奇迹发生了，这个班级的孩子由最初对学习的厌恶，到学习水平大幅提高，几乎接近三年级的水平了。由此可见，对大多数孩子来说，之前的基础并不是那么重要，关键的是通过设置有效的OKR目标来触发改变。

目标教练二：设定OKR的关键结果

在完成目标确立之后，下一步就是要制订关键结果了。比如，一个孩子确立的目标是"一个学期后语文成绩提升30分"，那父母和孩子就需要一起思考为了达到这个目标，大家需要做出哪些努力。这个过程就是在列出具体要执行的措施，也就是OKR里的"KR"，制订关键结果。为了能够在一个学期后提升语文成绩，至少需要做这几个关键动作（下面所列出的关键结果只是为了帮助大家更好地理解如何制订OKR，关于提升语文学习能力的具体方法，我会在本书的第十一章和第十二章进行重点讲解）。

1.每周做到10篇作文审题不跑题；

2.每周分别整理10个万能开头和结尾；

3.每周整理阅读理解答题模板；

4.每天早上坚持晨读20分钟。

在制订关键结果时，有两个重要的标准：

1.关键结果应有助于达到目标。也就是说，完成了关键结果就能达到目标。很多同学在初次制订目标时经常会犯一类错误，就是确立的关键结果并不能帮助自己实现目标。比如，目标是语文成绩有所提高，定出的关键结果是白天上课时听课不走神。诚然，上课不走神对成绩一定有帮助，但并不能直接推导出语文成绩就能够有提升。所以在制订关键结果时，需要问孩子这个问题："这个关键结果是否能够帮助你实现目标？"

2.关键结果应该具体、可执行且可量化。除了目标与关键结果不匹配，很多孩子确立的关键结果还过于宽泛或笼统。比如，"每天好好学习""每天认真听讲""好好背诵古诗文"等等，这些都属于范围过宽的关键结果。关键结果至少需要包括具体的任务数量和内容。比如前面举例的"每周做到10篇作文审题不跑题"就是一个具体、可执行及可量化的关键结果。其中，"每周"与"10篇"是具体的执行期限和完成数量，"作文审题不跑题"则是具体的任务内容。

目标教练三：让孩子爱上制订OKR

"为什么我们家孩子做了OKR也没有用？"这是很多家长在初次尝试与孩子一起制订OKR后会产生的疑惑。之前有个妈妈跟我说："学长，OKR没什么用啊，我们家孩子做了一次，之后就再也不想做了。"我说：

"你们具体是怎么制订OKR的，能把具体过程说给我听听吗？"这个妈妈说："我们家一起讨论了一下，孩子说这个学期的目标是进步5名。然后我说：'你这个目标也太小了，就5名，咱们设定10名吧。'"你发现没有，这个妈妈此时就不是在自下而上了，而是在讨价还价。然后孩子说："那我要是进步不了10名怎么办？"这个妈妈说："能怎么办？你这个暑假就别想玩了。但你要是能达到目标，我给你买你一直想要的玩具。"我听完就知道坏了，这个妈妈把设定OKR可能犯的错误都犯了一遍。

想要让孩子爱上制订OKR，有四个核心原则大家一定要注意：

1.不要自上而下设定。父母在陪孩子制订OKR的过程中一定要认清自己的角色，不是你给孩子确立目标，而是让孩子学会确立属于自己的目标。父母在这个过程中需要有意识地引导孩子，让孩子确立的目标是符合前面讲过的标准的，而且最终这个目标要孩子亲口说出来或亲手写下来。

2.勇于失败。OKR的目标必须具有挑战性，以便激发孩子的动力。既然目标是有挑战性的，那就一定存在失败的可能性。我在本书中多次强调一个观点：学习本身就是一个不断犯错的过程。所以，父母应该跟孩子说，就算没有达成目标也没有关系，我们就是想挑战一下自己，看看自己能够做到多好。

3.不要跟奖励或惩罚挂钩。很多父母已经形成了奖励和惩罚孩子的习惯，也想着把OKR跟孩子日后的奖惩挂钩。一旦OKR跟奖惩挂钩，它就变回了KPI。千万不要说达到目标，我奖励你多少多少钱，因为OKR是为了激发孩子从内心产生进步的欲望。

4.始终保持耐心和决心。OKR不是一剂万能药，不是说确立了目标，孩子一周后就有显著的变化。OKR是一种做事和学习的方法，所以要对孩子保持足够的耐心和决心。一个月看不到变化就坚持一个学期，一个学期进步很小就坚持一整年。目标思维的培养是循序渐进的，孩子在每一次制订目标、执行目标、复盘目标的过程中都会有所进步。

OKR最美妙的地方就是在这个过程中，孩子始终感觉到自己是生活的主人。很多孩子会跟我说："学长，自从开始自己制订学习OKR，我就发现原来我可以掌控自己的生活。之前我总感觉自己的生活是被父母和老师掌控着的，所以老师和父母要我做什么我就只能做什么。虽然会照着他们的要求做，但我总是会有抵触情绪。自从开始自己制订目标，我能够意识到哪些事情我完全没必要做，哪些事情非常重要，但是一直没有人告诉我应该去做。"

这其实就是帮孩子制订OKR最有价值的地方——它不是体现在学习的进步上，而是体现在孩子终于开始学会为自己的生活负责了。

我建议大家在完成OKR确立之后，把确立好的OKR打印下来，挂在家里显眼的地方，可以是客厅的墙上，也可以是孩子卧室的墙上。既然是整个家庭一起讨论出来的，那么就不能只是走个形式，要让孩子每天都能看到它。另外，我强烈建议所有家庭每个周末确定一个固定的时间展开以家庭为单位的"OKR复盘大会"，每次OKR讨论会需要每个家庭成员参与进来。具体可以讨论以下几个问题：

1.OKR的完成情况。耐心、温和地询问孩子本周OKR的完成情况，并了解关键结果执行到哪一步了。

2.有没有遇到困难。孩子在执行OKR的时候一定会遇到各种困难，父母这时候需要做的是伸出援手，看看有哪些是自己可以给予帮助的。千万不要指责孩子，一定要珍惜每周家庭共同进步的机会。

3.有没有反思和进步。可以询问孩子在执行OKR的过程中有哪些收获，跟之前的学习习惯和方式相比，有哪些进步。这种反思能够锻炼孩子的学习能力。

第七章
培养孩子的效率思维

认清优先级，打破"假努力"

学生时代有一类同学是十分可怜的，他们也没有那么不爱学习，反而每天勤勤恳恳地在努力。跟其他同学一样上课听讲、下课做作业，但就是不出成绩。这种情况特别普遍，几乎每次接到家长们的咨询时都会有类似的问题："为什么我们家孩子这么努力了，但成绩还是没有起色？"这时我就会问家长们一个问题："您的孩子是不是在'假努力'？"什么是"假努力"？就是看起来很努力，但做的事情非常没效率，也就是我们常说的"死读书"。举几个常见的例子，看看您家孩子有没有类似的情况：

1.平时上课埋头苦抄笔记。老师在不停地讲知识点，孩子在不动脑子地抄知识点。下课后笔记也看不懂，又花很多时间重新理解笔记。

2.写作业遇到不会的题，思考1分钟后就打开了答案解析。

3.买最漂亮的本子和最花里胡哨的笔，写最长的计划，做最短的坚持。

4.把熬夜学习当作光荣，晚上多学1小时，白天犯困10小时，得不偿失。

5.每次考试成绩不理想，就像打了鸡血一样制订宏大的计划。不懂得计划要具体、可量化、可执行、有时限，结果3天后回归老样子。

孩子总是"假努力"的关键原因是缺乏优先级的概念。所谓优先级，就是什么事情重要，什么事情紧急。下面是我们一个初中学员给自己确定的寒假计划：

7:00—8:00　　完成语文背诵

8:00—8:30　　洗漱完成

8:40—10:00　　自由时间，完成预习

10:00—10:20　　小型锻炼

10:20—12:00　　背单词

12:00—13:30　　午睡

13:30—16:00　　完成作业，复习

在我看来，这就是没有优先级的计划，所有计划都被按照相同优先级来处理。然而，没有明确优先级的时间表，几乎是无法执行的。所有列过计划的人都有过这样的体验，前一天确定的完美计划总是容易被突发事件打乱。如果整个计划没有明确的优先级，那么结果就是计划不断被拖延，最终导致计划被完全打乱。帮助孩子拥有效率思维，关键是让他们开始思考在学习过程中哪些事情是优先级高的，哪些事情是优先级比较低的。为了更好地区分任务的优先级，我建议通过四象限图来对一天的学习任务进行区分：①重要紧急；②重要不紧急；③紧急不重要；④不重要不紧急。写本书时刚好是寒假期间，我就拿大多数同学的寒假安排来举例。

```
                              ↑ 重要

        重要不紧急              重要紧急


                              │
────────────────────────────────────────────→ 紧急

        不重要不紧急            紧急不重要
```

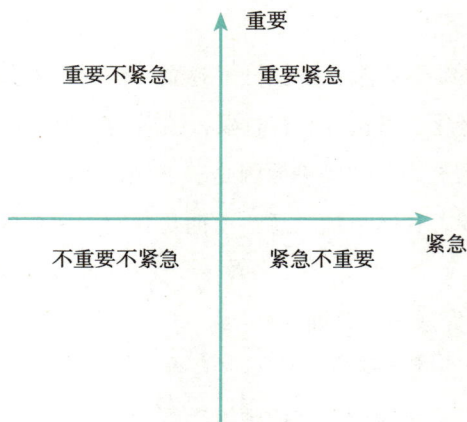

①重要紧急：在学习过程中，有很多事情很重要，也很紧迫。在学生时代最常见的重要紧急的事情就是完成作业。老师会检查作业，所以很重要，而且必须当天完成，所以很紧急。这样一来，很多同学除了上课时间，基本上一整天都在赶作业。

②重要不紧急：假期里面有很多重要但并不紧急的事情，如复习上个学期的知识点，坚持运动、阅读和背单词，等等。这些事情虽然重要，无论是复习或者运动，还是阅读，都对学习能力的提升至关重要，但这些事情并不紧急，因为没有人监督孩子完成这些任务。"老师又没有让我复习上学期知识，只是让我完成寒假作业。"这是很多同学在假期的常见想法。

③紧急不重要：很多老师会布置大量寒假作业，其中有些作业所涉及的知识点实际上已经被学生掌握。完成这些已经被掌握的题目就是一类不重要但是紧急的任务。此外，有些同学会在寒假跟同学约着聚餐，因为有确定的时间，所以这类事情就属于看起来比较紧急，但并不重要的任务。

④不重要不紧急：假期中还有很多事情是既不重要也不紧急的，如刷剧、玩游戏、看电视等。这些事情本身不重要，而且没有具体的时间限制。

重要

重要不紧急　　　　　　　　　重要紧急
复习一遍上学期的知识点　　　完成假期作业
坚持运动
坚持阅读
坚持背单词

　　　　　　　　　　　　　　　　　　　　　　紧急

不重要不紧急　　　　　　　　紧急不重要
刷剧　　　　　　　　　　　　完成假期作业（已掌握的题目）
玩游戏　　　　　　　　　　　同学聚餐

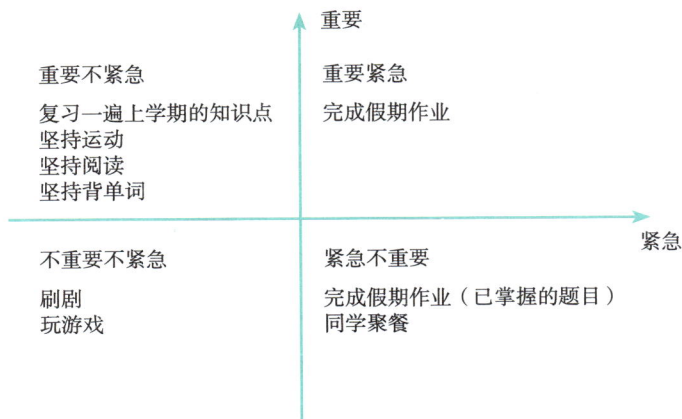

　　你认为这四类事情中哪类是优先级最高的？这个问题我问了很多学员和家长，但90%的回答是错误的。大部分人认为重要紧急的事情是优先级最高的，因为它们又重要又紧急，必须立即解决。既紧急又重要的事情通常被称为"危机"或"问题"，如学生时代写不完的作业，工作之后开不完的会。这种危机或问题有一个特征：当我们花越多的时间在重要紧急的事情上，这类事情会变得越多。这是因为所有重要紧急的事情都不能从本质上提升我们的效率。这类事情往往是别人强加给我们的任务。所以，优先级最高的应该是重要不紧急的事情。

　　提高重要不紧急的事情的优先级，是孩子建立效率思维的第一步。重要不紧急的事情是我们长期忽略的，却是可以从根本上提升我们的效率的。帮助孩子有意识地处理重要不紧急的事情，可以有效避免"假努力"。在学生时代，常见的重要不紧急的事情有哪些呢？

　　1.整理错题并定期复习。我们帮助很多同学真正把成绩从中下游提升到上游，其关键步骤就是让孩子开始坚持整理错题本。不仅要整理，还需要每周定期复习错题本。学习的本质就是做一道题会一道题，做一类题会一类题。整理错题可以帮助孩子学会做一道题会一道题。而且在不断重复的过程中，孩子还能够熟悉出题人和解题的思路，这是一种有效的思考过程。我经常发视频强调错题本的重要性和使用方法。然而，当我强调错题本的重要性时，总有同学提出质疑："我连作业都做不完，哪儿来的时间整理错题？"事实上，他们没有理解事情的优先级。那些不整理错题，每天都在做新题的同学，只是在应付一个又一个的任务，他们的做法对学习能力的提升没有任何益处。

2.每天进行语文晨读。语文跟很多学科不同，它本质上是一门侧重语言应用的学科，所以极其需要培养良好的语感。一个语感好的同学在做语文题时不需要思考过多的解题方法，只需理解文章就能拿高分，也更容易写出文采出众的作文。但语感的培养需要时间，我自己尝试过的最好的方法就是每天早上晨读（具体如何晨读我会在第十一章分享）。但很少有老师会看着孩子晨读，孩子们也就不会去做这件事情了。我经常跟学员们说，比起浪费时间去做很多语文题，晨读对语文能力的提升才是本质而且有效率的。

3.每天坚持背单词。英语学习最关键的就是单词量。小学要求掌握约500个单词，初中要求掌握约1800个单词，高中要求掌握约3000个单词。想要英语学得好，再怎么强调所掌握的单词量也不过分。英语阅读为什么丢分？就是因为一篇阅读文章里有许多不认识的单词。英语作文为什么不得分？因为语句不通，使用的词汇太普通。但只要不是英语老师布置的作业，很多同学就很少主动安排时间背单词。

我建议每位家长都应该从接触到本章内容开始，帮助孩子养成良好的习惯：在面对每天的任务时，在一张纸上画一个四象限图，将任务分为"重要紧急""重要不紧急""紧急不重要""不重要不紧急"，然后按照这个标准安排任务的优先级，并重新制订每天的学习计划。

·重要紧急的事情当天必须完成，但是有些可以稍后完成，因为最好的学习效率是通过合理利用时间实现的。

·重要不紧急的事情最为重要，确保每天都坚持安排时间做一部分。

·紧急不重要的事情要学会拒绝，能不做就不要做。

·不紧急不重要的事情尽量不做。

帮助孩子戒掉拖延症

影响孩子学习效率的第二个重要问题就是拖延症。一位妈妈曾向我抱怨："我们家孩子一开始写作文就磨叽，一篇800字的作文他能磨叽一上午。一上午能写完也好啊，结果一看就写了一个标题！"事实上，很多家长只看到孩子表面上的拖延现象，却没有理解孩子内心形成拖延症的心理机制。

那么，为什么很多孩子写作文时容易犯拖延症呢？因为他们总是想在动手写之前将一篇800字的作文的所有段落和细节都理清楚。然而，有写作经验的人都知道，写作本身就是一个不断触发和连接灵感的过程。企图在动笔之前就设想出完美的结局，这就是大多数孩子犯拖延症的病因。

拖延症的根本心理机制是对自己的心理预期高于实际表现。很多写作业犯拖延症的同学也遇到了类似的问题，他们会在开始写作业前设定一个完美的目标，如在1小时内完成所有的数学题。这是一个太高的心理预期，当他们开始做题后，第一道题就没有思路，内心就会产生一种保护机制，导致拖延症的产生。

这套保护机制的运作原理是"表现=能力=自我价值感"。也就是说，我们会用自己在某一次任务里的表现好坏来等同于自己的能力高低，再把自己的能力高低等同于自己的自我价值感。举个例子，一个开始做数学题的孩子会不自觉地观察自己在做题过程中的表现，看看自己会做几道题，用多长时间能够做完，准确率是什么样的，这些都是在某一次做题中的表现。有了这个表现，孩子就会在心里把自己做数学题的表现与自己的学习能力挂钩。如果这一次的数学题做得又快又好，那么孩子会认为自己是一个学习能力强的人；如果这一次好多题都不会做，那么孩子会认为自己是一个学习能力差的人。接着，孩子会把自己的能力与自我价值挂钩。如果孩子发现自己的学习能力不行，那么他就会认为自己是一个失败的、不聪明的人。

这个逻辑链条最可怕的部分在于，当我们害怕自我价值感降低时，我们会本能地不去表现。这也解释了为什么很多孩子学习时容易犯拖延症，因为如果孩子潜意识里感觉到任务太难，就会本能地用拖延来缓解心理压力。孩子不愿意承认自己是失败的人，所以宁愿在最开始就不去行动，这样至少可以为自己的不努力找到借口。这个心理机制也解释了为什么很多孩子在考试前特别容易生病，不是拉肚子就是脑袋疼。因为考试是一件不能拖延的事情，如果孩子感觉自己这次考试会考得不好，就会本能地找一个生病的借口。这样即使考试真的没考好，孩子也可以安慰自己说："我不是没考好，是因为我考试前生病了，状态不好而已。"

理解了这个心理机制，我们也就找到了破解拖延症的方法——主动降低心理预期。我会告诉容易犯拖延症的同学，下一次背英语单词时不要跟自己说要一下子背下来20个单词，先背1个就够了；写作文时不要跟自己说要1小时内写完一篇作文，而是先把作文的第一个自然段写出来。通过这种主动将一个复杂的大任务拆解成一个又一个容易解决的小任务的方式，主动降低自己的心理预期，拖延症的逻辑链条就被打断了。因为我主动地告诉了自己"我不需要有一个完美的表现"，即使我没有做好也不会觉得自己能力差，也就不会觉得自我价值感低。而且这种方式最大的好处是，当孩子真的开始背了一个单词，他往往会坚持下去背更多，而不是被拖延症困扰导致一个单词都不敢去背。这在心理学上也叫"微习惯法则"。

孩子拖延症的解决往往需要父母的帮助。我的建议是帮助孩子学会拆解任务。对那些严重拖延的孩子，我建议父母在帮助孩子制订学习计划时不要一下子制定1小时的学习任务，而是以5分钟为单位进行设定。比如，之前设定1小时背熟20个单词，那么我们可以更换成5分钟背下1个单词。孩子坚持5分钟之后，父母就问一下孩子："现在的状态如何？""能不能再坚持5分钟？"相信我，绝大多数孩子在经历这样的训练之后，会逐渐找到破解拖延症的方法，坚持学习的时间也会越来越长。

如何帮助孩子长时间专注学习？

除了解决拖延症的心理机制，我们还需要另外一个心理学工具——"心流体验"。心流是由心理学家米哈里·契克森米哈赖在20世纪60年代提出的一种积极心理学概念，它是一种将个人精神力完全投入某项活动中，达到一种忘我的状态，心流产生的同时，个人会有高度的兴奋感和充实感。在日常生活中，我们最常见的心流体验出现在打游戏的过程中。

在这个互联网时代，不止一个家长忧心忡忡地问我："学长，我们家孩子一玩游戏就停不下来，怎么说都不听，怎么办？"每次听到这个问题我都会反问："你知道为什么你家孩子会对游戏上瘾吗？"有的家长说是因为游戏里的人物画得特别美；有的家长说是游戏的音效做得令人上瘾；还有的家长说游戏世界能让孩子获取更多的自豪感和优越感，因为在游戏中孩子可以获得各种权力和一次又一次的胜利。这些确实是现在很多流行游戏的特征，但并不能解释为什么孩子甚至成年人会对游戏上瘾。游戏上瘾的真正秘密也在于"心流体验"。

根据米哈里·契克森米哈赖的《心流：最优体验心理学》提出的理论，实现心流状态的核心条件包括以下三点：

1.确定匹配难度的目标；

2.专注到忘我并坚持不懈地努力；

3.即时反馈。

比如，《俄罗斯方块》这款游戏拥有9项吉尼斯世界纪录，包括手机下载次数最多的游戏和被移植次数最多的游戏等。现在就以《俄罗斯方块》为例，我们来看一下游戏为什么能够让那么多人如痴如醉地一玩就几个小时都不停歇。

1.确定匹配难度的目标：在游戏刚开始时，方块落下的速度会很慢，随着游戏进程的推进，方块落下的速度会越来越快。这其实就是一个难度匹配机制，在开始的时候设置一个简单的难度，随着游戏者对游戏熟练程度的提升，方块落下的速度越来越快，难度也就越来越大。

2.专注到忘我并坚持不懈地努力。在玩《俄罗斯方块》时，我们需要把不同形状的方块放到合适的位置上，这样才能不断地消除方块搭建的高度。在这个过程中，我们需要不断思考方块的旋转和下落的位置，否则就会因为方块堆积过高而失败。但无论如何，这个游戏都没有通关设置，只有一次又一次的尝试和失败。所以，为了拿到更高的分数，我们需要足够专注和多次尝试。

3.即时反馈。《俄罗斯方块》有一个很有趣的设计：每当我们能够把任意一行的格数凑满，这一行就会消失，伴随的是整个积木高度的下降和分数的增长，同时出现某一行消失之后的音效。玩过《俄罗斯方块》的人都会感受到这是一个非常爽的过程。每一次行数的消失和分数的增加都是一次即时反馈，是对我们这次努力的奖赏。

《俄罗斯方块》的成功给我们带来了巨大启发，能否设计一套机制帮助孩子在学习过程中达到心流体验的三个核心要素呢？经过多次实践，我们设计出了一套适用于绝大多数孩子的心流体验三步法。

第一步：确定匹配难度的目标

想让孩子获得学习过程中的心流体验，首先需要给不同的孩子设定匹配难度的目标，这也是很多家长会忽略的重点。经过我们长期的观察，发现对一个学习能力处于班级中游及以下的孩子来说，完成作业都是一件很困难的事情。即使是每天的上课和写作业，对大多数孩子而言都是难度过高的目标，所以，如果您家孩子学习专注能力很差，先观察孩子的学习任务是不是太难了。孩子的学习任务太难，就导致他们处于学习过程中的"恐慌区"。

诺尔·迪奇教授是世界知名的"有效教学循环"理念的实践者之一，他提出了一个"三区理论"，把学习分成了舒适区、学习区和恐慌区。舒适区内的学习任务难度相对比较低，完成它们并不需要花费太多的力气；学习区是在舒适区的外面一层，这些内容有一定挑战性，需要我们花一些时间进行思考解决，但也不至于难到完全无解。学习区再向外一层是恐慌区，这个区域的任务往往难度过高，我们处理起来很容易产生抵触情绪。根据诺尔·迪奇教授的定义，学习区的具体标准是"学习内容中只有15%是全新的或未知的"，这时的学习效果最佳。然而，我们简单统计了一下一个普通孩子每天学习的知识，基本上有80%是未知的，因此对大多数孩子来讲，每天的学习都处于学习的恐慌区，他们会本能地拒绝学习。甚至对大多数成绩处于中下游的同学来说，课后作业都属于学习的恐慌区。

恐慌区

学习区

舒适区

知识技能熟练掌握

学习新知识、新技能

暂时无法学会的知识、技能

　　帮助孩子主动降低学习难度是开启心流体验的第一步。对大多数孩子来说，我的建议是在平常的学习中重视回归课本基础知识点和例题，以及试卷和作业中的基础题。这个建议不仅是因为这些基础知识和例题在每次考试中占有很大比例，而且能帮助孩子主动降低学习难度，并将每天的学习任务调整到学习区状态，这对基础较差、学习能力一般的孩子来说，是成功逆袭的关键一步。

　　我们需要根据每个孩子的实际情况来判断其所处的恐慌区。如下图所示，对基础较差的孩子而言，在做太多作业和练习题时可能会产生恐慌情绪，因此我们需要将重点放在课本知识点和例题上，甚至再降低到更低年级的知识点上。对基础较好的孩子而言，恐慌区可能是难题、大题或者超纲题，这时我们可以适当地帮助孩子将难度降低到中等水平的题目和知识点上。首先通过主动降低难度，将孩子的学习任务从恐慌区调整到学习区，在学习区中不断总结错误并接受即时反馈，这样孩子就可以获得学习过程中的成就感。需要注意的是，我们在学习区待了一段时间之后，学习区的任务也会随着我们学习能力的提升变成舒适区的内容。这时候我们就要主动跳出舒适区，并适当地提高学习难度，让所学知识始终保持在学习区的难度里。

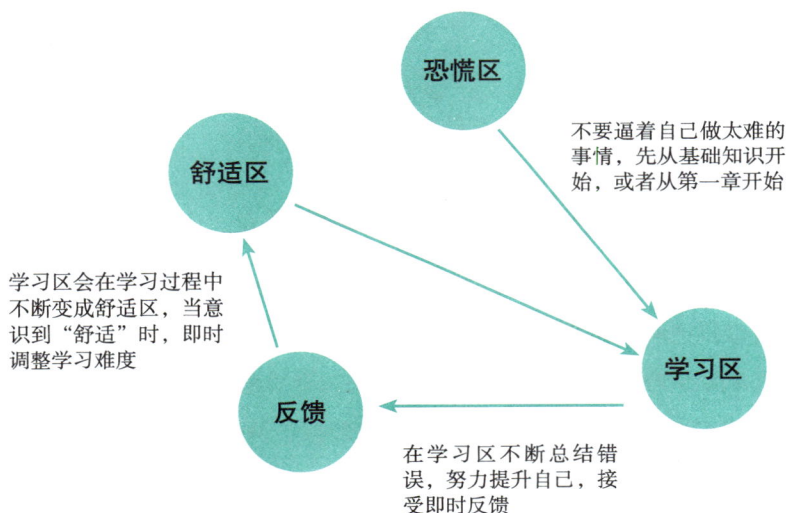

恐慌区

不要逼着自己做太难的事情，先从基础知识开始，或者从第一章开始

舒适区

学习区会在学习过程中不断变成舒适区，当意识到"舒适"时，即时调整学习难度

反馈

学习区

在学习区不断总结错误，努力提升自己，接受即时反馈

当然还有一类比较聪明的孩子，他们掌握知识和学习速度都非常快。这类孩子最需要警惕的是陷入学习的舒适区，从而失去学习的乐趣。我记得我高中时班里有一个非常聪明的男生，他几乎从不听课，但他的数理化成绩特别好。很可惜的是，因为学习这件事对他来说太简单，所以他在高三时开始沉迷游戏，寻找刺激感，最后高考成绩并不尽如人意。如果您家孩子也是这种情况，我们应该主动帮助孩子提高学习难度。我们可以帮助他提前学习之后的知识，或者让他去学习类似于奥赛这种超纲的知识。无

论如何也要保证学习是有挑战性的，是可以激发内心的动力的。

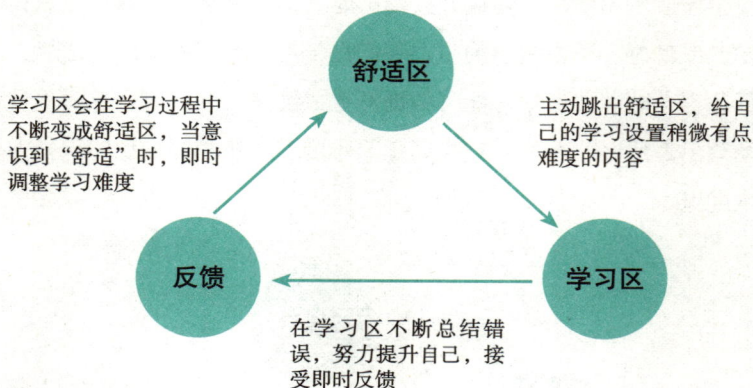

学习区会在学习过程中不断变成舒适区，当意识到"舒适"时，即时调整学习难度

舒适区

主动跳出舒适区，给自己的学习设置稍微有点难度的内容

反馈

学习区

在学习区不断总结错误，努力提升自己，接受即时反馈

第二步：专注到忘我并坚持不懈地努力

达成心流体验的第二个要点是专注的学习状态。如何才能帮助孩子养成学习过程中的专注能力？我们在学员培训的过程中尝试过多种方法，这里跟大家分享两个最行之有效的方法：我们需要在每次学习开始前设定足够清晰的"SMART计划法则"，以及帮助孩子调整学习时间安排并制订"番茄学习计划"。

SMART计划法则

很多孩子在制订学习计划时容易列出"今天学习英语""我要好好背单词""我要做数学题"等模糊不清的计划，这些计划一旦到了具体执行阶段就完全失去了指导意义。而在心流体验的过程中，我们需要做到专注到忘我，因此每一次学习任务的制订就需要具体、明确。使用SMART法则就是一个非常有帮助的方法，SMART由5个英文单词的首字母构成。

1.specific（明确具体）：制订学习计划时需要具体、明确。例如，将

"我要好好背单词"这个计划按照specific的标准表述为"我要背下课本第一章的单词"。计划越具体，我们在执行时就越不会浪费时间去想自己应该做什么，而是按照具体的事项直接开始行动。

2.measurable（可量化的）：学习任务的计划最好需要有明确可量化的数字。玩《俄罗斯方块》时，如果我们始终把注意力放在消除一行一行的方块上，就更容易专注。学习也是一样，只有将计划具体设定到一个明确的数字之后，我们才能在学习的时候把注意力聚焦在该数字目标上。比如，把"我要背下课本第一章的单词"这个计划进一步优化为"我要背下课本第一章的20个单词"，这个计划就变得更具可量化和可执行性。

3.attainable（可达到的）：很多同学喜欢在制订学习计划的时候设定一个远超自己能力范围的大计划，如"我要一下子背完100个单词"。这样的计划不仅会引发孩子的拖延症，也会导致执行过程中出现心态波动，从而影响专注力。在制订目标的时候，我们需要基于自己的实际学习能力实事求是地设定目标。如果自己尽全力用30分钟也只能背下来10个单词，那么就只给自己设定10个单词的目标。attainable原则要求我们在自己能力范围内，尽可能高地去制订学习计划。

4.relevant（与目标有关联）：计划需要和目标相关联，这是很多同学在制订学习计划时会忽略的一个重点。比如，有同学希望用周末来提升自己的数学成绩，但他制订的学习计划是"完成数学作业""刷一套数学卷子"。这两个计划跟提升数学成绩这个目标有关系吗？有关系，但关联度不大，因为"完成数学作业""刷一套数学卷子"并不能确保数学成绩能有所提高。而"复习并推导本周所学的10个数学公式""复习本周做错的20道数学题并重新做一遍"这种计划就与目标有更高的关联度。切记，学习计划的制订需要跟目标匹配，不要做自我感动的计划。

5.time-bound（有截止日期）：学习计划必须有截止日期，否则就很容易拖拉。"我要背下课本第一章的20个单词"这个计划添加上截止日期之后应该是"我要在今天9:00—9:30背下课本第一章的20个单词"。设定截止日期就是给自己定下一个承诺，这样一来，计划的执行会更有紧迫感。

番茄学习计划

确定学习目标之后，在实际的学习过程中还是会有孩子出现坐不住、总走神、效率差的问题。如果孩子平常在家学习效率比较低，专注力没有得到充分训练，我们建议孩子采用番茄学习计划进行学习。

番茄学习计划是由番茄工作法演化而来。番茄工作法是1992年由意大利人弗朗西斯科·西里洛提出的一个时间管理方法，后续被很多作家重新解读和推广。番茄工作法具有管理简单、执行容易的特点，使用前要设定番茄钟，番茄钟以25分钟为一个周期，每个周期开始时启用计时器计时，这样做旨在帮助人们放下心中的时间焦虑，全身心投入手上的工作。待计时结束、闹钟响起时就立刻停止工作。对以短时效率作为目标工作的人来说，这是一种提高工作完成满意度的好办法。

番茄学习计划简单来说就是让孩子在制订学习计划和具体学习任务的时候，以30分钟为一次循环。每次循环的时候专注学习25分钟，休息5分钟，接着再学习25分钟，然后休息5分钟。每完成4次循环，也就是2小时之后，就可以多休息10～20分钟。番茄学习计划的好处在于每一次循环的时间足够短，对难以集中注意力的孩子来说难度较低，通过这样一套简单、易操作的机制，可以有效地减少孩子在学习过程中的焦虑感。

在实施番茄学习计划之前，我们需要注意帮孩子排除一切干扰。我建议父母帮孩子清理书桌，将与学习无关的东西，如课外书、电子设备、零食等尽可能移出孩子的视线，只在书桌上放课本、笔记、笔和一个时钟。

在孩子的学习过程中，父母尽量不要盯着孩子看，可以在旁边看书或工作以陪伴孩子，但不要成为干扰孩子学习的因素。

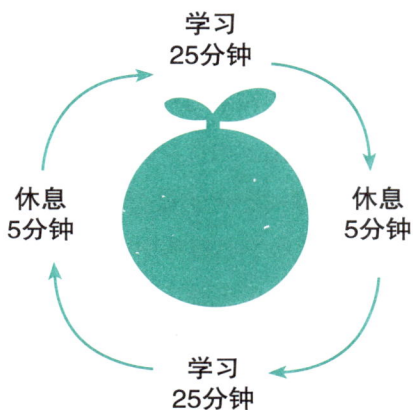

学习
25分钟

休息
5分钟

休息
5分钟

学习
25分钟

第三步：即时反馈

学习本身是一个长期见效的过程。通常情况下，孩子需要坚持几个月的学习才能在考试中看到自己的进步，这导致很多孩子认为自己的努力没有成效。我们会发现很多孩子存在"三天打鱼，两天晒网"的情况，这是因为孩子连续学习几天后，发现自己一点进步都没有，就失去了持续学习的动力。心流体验中的关键一环就是能够即时反馈，也就是努力后立即获得结果的体验。就像玩《俄罗斯方块》过程中积分不断地增加一样，如果我们可以加快学习反馈速度，让孩子更快地看到努力带来的结果，就会让学习过程更加有趣。

如何让学习的反馈更加及时？在尝试了很多方法之后，我们认为根本的解决方案是让孩子能够直接运用所学知识。当孩子学会一个知识点就能直接去用时，他就会感受到自己努力之后的进步。具体的方法叫作"白鹤报恩学习法"，这是由日本著名脑科学家茂木健一郎开发并实践的，可以最大限度激活大脑结构的学习输出法。

白鹤报恩学习法

白鹤报恩学习法的本质是让孩子将所学的知识讲出来。讲解一个知识点会对所学知识进行有效的运用。当孩子坚持学习10分钟后，再把自己学到的知识点讲给自己听，就像一个小老师一样，他会突然感到自己坚持的10分钟是有价值的，他也会获得学习过程中的即时反馈。

白鹤报恩学习法具体分为四个步骤：

1.用10分钟学习完一个知识点，然后合上课本；

2.把刚才学习理解的内容一边说出来，一边写在纸上，注意用自己理解的话说，而不是去背知识点；

3.打开课本检查自己的理解是否正确，如果正确，把自己写下的话大声朗读10遍，然后回到第一步；

4.写不出来或者理解有误的内容，打开课本再次学习，回到第二步。

通过这种方法，孩子能够在学习过程中获得即时反馈并整合所学知识，从而更快地提升学习效果。

第四部分

磨炼
金字塔
顶层

突破高分的学习实操技巧

第八章
提高孩子的记忆能力

哪些低效误区导致孩子记忆慢？

在本章中，我们将分享金字塔顶层的能力建设。影响一个孩子学习能力的首要因素是记忆能力。我曾经听到不止一个家长向我抱怨："我们家孩子为什么记东西这么慢，难道是记忆力不好吗？"在我自己的学生时代，我也经常被这个问题困扰。为什么班级里总有同学记忆速度那么快，我要花费1小时才能背下来的知识，有些人只需要十几分钟就能背熟？尽管人与人之间存在一些记忆力上的差别，但这种差异更多是由于后天的记忆方法训练不同而产生的结果。也就是说，大多数同学记忆效率低、背东西慢，并不是他们天生记忆力不好，而是因为他们在记忆方法上存在很多误区。

记忆的过程本质上包括三个阶段，分别是编码、储存和提取。首先是编码的过程，也就是我们学习和记忆一个内容的过程。其次，所有我们看到的、听到的知识并不是直接被封装到我们的脑子里，而是需要经过大脑的存储过程。大脑的存储过程分为两个阶段，分别是短期记忆和长期记忆。长期记忆可以保持几天到几年，而短期记忆只能保持几秒到几小时。从生物学的角度来看，短期记忆是神经连接的暂时性强化，通过巩固，可以转化为长期记忆。此外，短期记忆主要由声码构成，而长期记忆则以意码为主要内容。最后是提取，也就是我们回忆和使用知识的过程。通过观察，我们发现低效的"编码"和"存储"过程，是大多数学生记忆速度慢的原因。

编码
获得资讯并加以处理和组合

存储
将组合整理过的资讯做永久记录

提取
将被储存的资讯取出，回应一些暗示和事件

"低效记忆检查清单"

1.逐字背诵不必要的内容（尤其是理科）

在我读书时，我遇到过看起来非常努力背诵的同学，他们硬要把数理化这种理科学科的知识点逐字逐句地进行背诵。然而，我们都知道，在实际考试的时候，数理化并不会考查你是否严格按照课本的表述背诵了多少知识点，而是会考验你对核心公式和定理的运用。实际上，不仅是理科学科，部分文科学科也不需要你对所有知识点都逐字背诵。除了语文必考的古诗词，大多数我们日常学习的内容都不需要死记硬背。所以，为什么很多孩子会出现一种现象："明明课本都背了，但是一做题就不会做？"这很可能是缺乏真正理解，对知识编码产生误解导致的。

2.死记硬背而缺少对知识本身所传达的信息的理解

相比第一个问题，这个问题更加隐蔽。很多同学虽然知道背诵知识点时并不需要逐字背诵，但并不会主动挖掘背诵内容之间的逻辑关系。这个现象在大学里更加常见。因为期末考试前需要背诵的内容非常多，时间又有限，所以大多数同学只是去记忆内容，而不是去理解内容。相较于那些逐字逐句记忆的同学，理解能力较强的同学则更可能用自己的话语重新表达所学知识。

3.仅靠视觉进行信息输入，容易走神

不会合理地动用自己身上的多个器官进行信息输入，是很多同学记忆效率低的原因之一。其实我们在现实生活中都有过多感官记忆的体验。回忆一下你最近看的一场电影和一本小说，其中哪个会让你印象更加深刻？一般而言，比起小说，电影会给人留下更深刻的印象。因为电影不仅会通过眼睛输入信息，也会借助耳朵等其他感官进行信息输入。如果你恰好看了一场4D电影，触感的加入会让记忆更加深刻。类比到学习的场景也是如此，我们要学会主动调动起多感官进行记忆。

记忆速度翻倍的秘诀

我们可以和孩子一起做一个小实验，在这个实验中，我将与大家分享记忆编码速度加快的秘诀。

给你一串电话号码让你记住它，号码是8-5-4-8-9-1-0，试一下多久可以记住这些数字。

再给你一串电话号码，号码是46-41-81-0，试一试自己多久能背

下来。

我们曾经对上百个孩子进行测试，几乎所有孩子都做出记忆第二组数字的速度更快的表现，并且在5分钟后也有更高的记忆留存率。同样是7个数字，为什么第二组数字的记忆速度更快呢？因为第二组数字的"记忆单元"数量更少，只需要记忆4个。换言之，虽然看起来两组数字都是由7个数字组成的，但实际上记忆的负担是不同的。第二种记忆方式所需的记忆单元数约为第一种记忆方式的一半。

1956年，美国心理学家乔治·米勒在自己的论文中提出，我们的工作记忆一次性存储量是7±2个记忆单元，也就是说，人类大脑在一次记忆过程中的即时存储数量为5～9个。因此，我们可以通过主动缩减记忆单元来提高记忆效率。有趣的是，这种主动缩减记忆单元的方式实际上早已存在于我们的大脑中。通过漫长的进化过程，我们的大脑已会运用主动缩减记忆单元的方法来减轻记忆负担。我在百度担任人工智能产品经理时，就在为机器设计一种模仿人类记忆方式的机制——知识图谱。

举个简单的例子，假设我们提到了阿里巴巴这家公司，很快我们就能在脑海中联想到许多与其相关的信息，如创始人马云、主要产品淘宝和支付宝、总部所在地杭州、淘宝每年的双十一活动等。这些信息并非散乱存放在我们的大脑中，而是通过关联的方式存储。人类大脑在进化过程中形成了这种记忆方式，每次吸收新知识时都会自动与已有的旧知识建立联系，使新知识变得有意义。很多孩子刚开始学习物理、化学、生物等科目时常觉得难懂，就是因为他们的大脑中还没有现成的旧知识可供参考，只能在脑海中重新构建一个新的记忆框架。

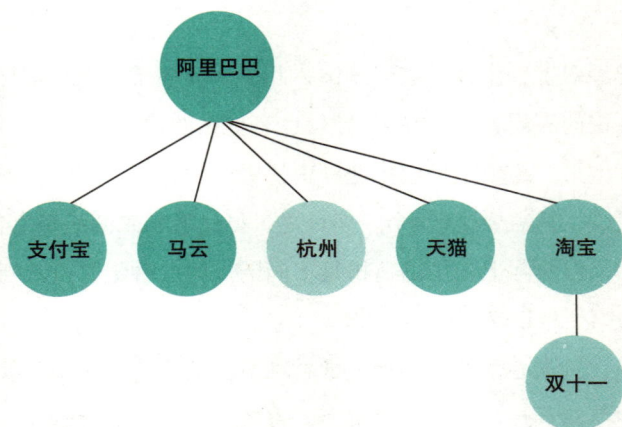

　　乔治·米勒提出了"记忆群组"这个概念来描述人类大脑在记忆任务中利用更高层次的认知过程，将外界信息进行单元组合的能力。通过惊人的联系能力，我们的大脑可以积极地或被动地将分散的信息组合成块。很多孩子抱怨历史这门学科特别难记忆，尤其是各种各样的时间、地点和人物，总感觉很零碎，没有逻辑。这其实也是缺乏记忆群组导致的。现实世界中的知识与课本上的知识组织方式非常不同：课本把历史拆解成一个个事件，把政治拆解成一个个现象，但真实世界的历史和政治都是由复杂的人和复杂的事融合在一起塑造的。那些历史、政治学得好的同学通常都很喜欢关注时事和看各种历史故事，这是因为这些东西帮助他们将课本上零散的知识有效地串起来，形成了记忆群组。

　　记忆群组这个概念给予了我极大的启示：如果我们可以帮助孩子们在学习过程中更加主动地搭建记忆群组，就能够显著提高他们的记忆效率。接下来，我将分享两种帮助孩子们搭建记忆群组的方式，其中，"框架性记忆"更适用于理科学科，而"精细化复述"则更适合文科学习和理解记忆。

理科记忆——框架性记忆

很多孩子在数学、物理、化学等理科学科中表现不佳，实际上是因为缺少结构化思维的训练。他们在学数学的时候，只掌握了一些零散的公式和定理，不知道如何把这些知识点整合成有结构和关联的知识框架。当学习内容相对简单时（如四则运算），这个问题还不太明显。但一旦开始学习更加复杂的数学概念时，零散的学习方式就会显现出弊病。由于孩子们的大脑仅存储了一堆零散的知识点，所以在处理稍微复杂一些的问题时，孩子们很难同时运用多个知识点，这就使得理科的学习变得越来越困难。到了初高中阶段，问题会更加突出，因为中考、高考的数学、物理大题都有5个及以上的知识点。如果大脑还是像糨糊一样没有把知识点有条理地整理清楚，不仅容易遗忘，而且无法有效地使用。

以一个六年级的学员为例，这个孩子的妈妈跟我说，孩子在一、二年级学习四则运算时，学得挺好，数学基本能拿满分。但开始学习几何之后，孩子就跟不上了，不知道问题出在了哪里。我跟孩子妈妈讲，六年级

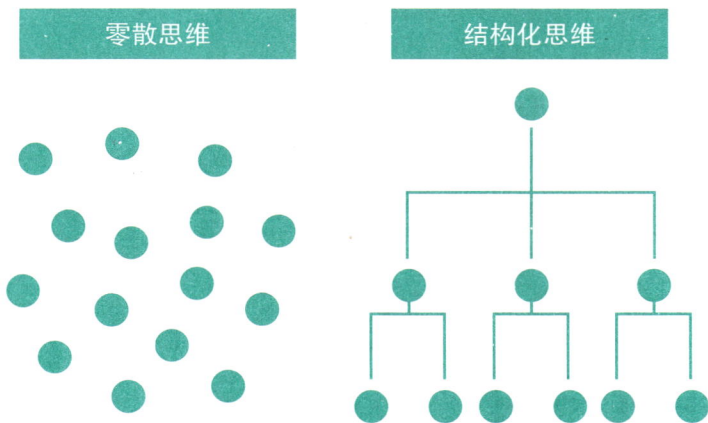

零散思维	结构化思维

学习几何知识点时，需要将数学知识进行关联。比如，孩子上个学期学了圆形和三角形，这个学期将会学习圆柱体和三棱锥。圆形和圆柱体之间存在知识关联，三角形和三棱锥之间也有知识点的关联。如果一个知识点没有理解清楚，那么后面的知识点就会变得很难。但很多理科学科的知识点是又多又杂的，如何才能高效地记忆呢？基于记忆群组的概念，我们需要主动地建立知识点之间的群组，以减少记忆负担。

制作思维导图

思维导图是帮助孩子构建结构化记忆最好的工具之一。我们帮助很多理科思维不好的孩子提升其思维能力的关键，就是让孩子通过整理思维导图来将那些像糨糊一样的零散知识点整理成清晰、有条理的知识框架。遗憾的是，我自己直到工作之后才学会了这种学习方式。这种思考和记忆方式，是目前国内所有大公司都非常推崇的，也是我最受益的思考方式之一。我经常想，如果我在读书的时候就掌握了这种方法，那么理科的学习就会变得更加轻松。在这里，以我曾经为一名高中同学整理的物理思维导图为例，教大家逐步学会制作学科思维导图。

第一步：梳理一级标题。按照课本核心内容，首先要梳理出一级标题。比如，高一物理分为运动的描述、匀变速直线运动、三种性质力受力分析等几个大章节。可以简单理解为，每一个核心点的标题就是一个一级标题。如果是新学期刚开始，那么我们可以在学习每个核心点的时候添加一个一级标题。如果是期末考试前突击整理，那可以把所有核心点依次列出来。"高一物理"即总标题。

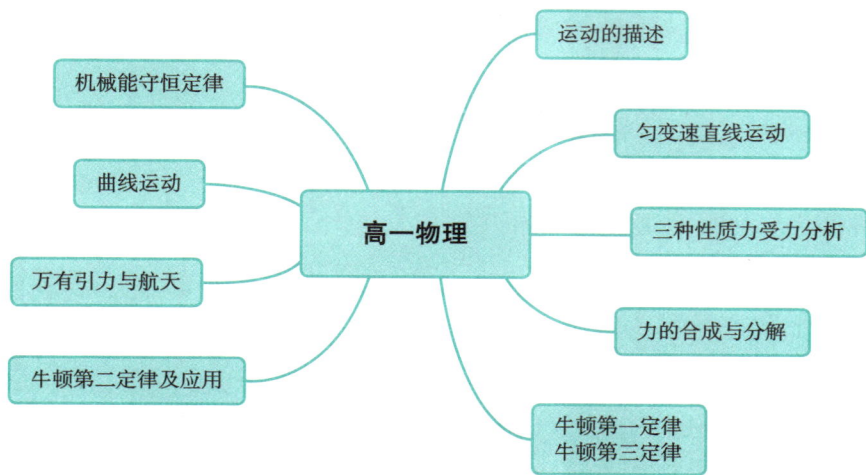

机械能守恒定律

曲线运动

万有引力与航天

牛顿第二定律及应用

高一物理

运动的描述

匀变速直线运动

三种性质力受力分析

力的合成与分解

牛顿第一定律
牛顿第三定律

注：此导图参考人民教育出版社2019年版高一物理教材制作。

第二步：梳理二、三级标题。每个大章节中都包含了多个小节，如运动的描述包括机械运动、参考系、坐标系、加速度等多个核心知识点。这些核心知识点组成了思维导图的二级标题。在每个具体知识点后面，还有对该知识点的定义、公式定理、适用条件等解释，这些解释构成了思维导图的三级标题。我建议大家在每晚写作业前，先制作思维导图，进行内容的梳理，这不仅是复习，也是主动缩减记忆单元并建立记忆群组的过程。

第三步：背诵记忆，形成关联。我们需要注意的是，整理思维导图的过程并不是为了整理，而是为了更好地记忆。随着教学进度的推进，这个导图会变得越来越详细。我建议大家在每周末都抽出时间来复习这张图中本周所学的内容，每月再花时间对整张图进行一次完整的总复习。在复习的过程中，先记忆一级标题，再记忆二、三级标题的具体内容。此外，一定要注意把有关联的知识点通过箭头主动形成关联。比如，在物理的大题

机械运动 —— 物体的空间位置随时间变化

参考系 —— 在描述一个物体的运动时，用来作为参考，且假定是不动的另一个物体

坐标系 —— 描述物体的位置及位置的变化

时刻 —— 指某一瞬间

时间间隔 —— 两时刻之间的间隔，在时间轴上用线段表示

矢量 —— 既有大小又有方向的量

标量 —— 只有大小没有方向的量

加速度
- 物理意义 —— 表示物体速度变化的快慢，又叫速度的变化率
- 定义 —— 速度的变化量与发生这一变化所用时间的比值
- 表达式 —— $a=\dfrac{\Delta v}{\Delta t}$
- 国际单位 —— m/s或m·s^{-2}
- 方向 —— 与速度变化量 Δv 的方向相同

打点计时器
- 电磁打点计时器
- 电火花计时器

图像 —— $v=\dfrac{\Delta x}{\Delta t}$　x-t图像

运动的描述

速度
- 平均速度 —— 位移与时间的比值
- 瞬时速度 —— 运动物体在某一时刻的速度
- 速度变化量 —— $\Delta v=(v-v_0)$

匀变速直线运动

高一物理

机械能守恒定律

曲线运动

万有引力与航天

牛顿第二定律及应用

牛顿第一定律 牛顿第三定律

力的合成与分解

三种性质力受力分析

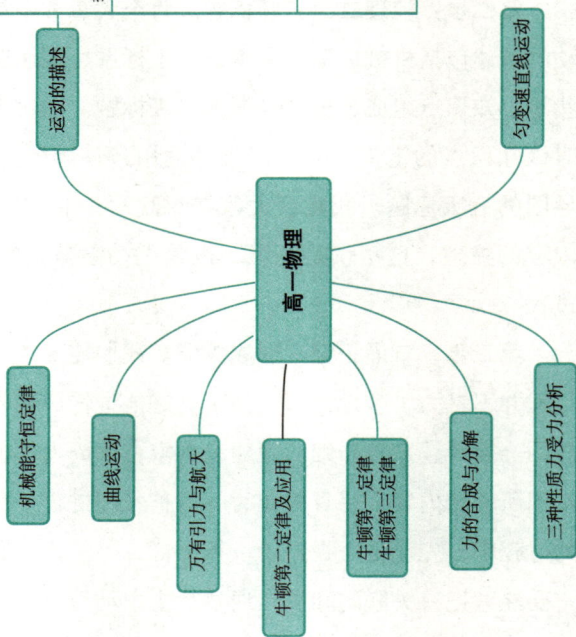

注：此导图参考人民教育出版社2019年版高一物理教材制作。

高一物理

运动的描述

- 机械运动：物体的空间位置随时间变化
- 参考系：在描述一个物体的运动时，用来作为参考，且假定是不动的另一个物体
- 坐标系：描述物体的位置及位置的变化
- 时刻：指某一瞬间
- 时间间隔：两时刻之间的间隔，在时间轴上用线段表示
- 矢量：既有大小又有方向的量
- 标量：只有大小没有方向的量
- 加速度
  - 物理意义：表示物体速度变化的快慢，又叫速度的变化率
  - 定义：速度的变化量与发生这一变化所用时间的比值
  - 表达式：$a=\dfrac{\Delta v}{\Delta t}$
  - 国际单位：m/s²或cm·s⁻²
  - 方向：与速度变化量 Δv 的方向相同
- 打点计时器
  - 电磁打点计时器
  - 电火花计时器
- 图像
  - x-t 图像

$$v=\frac{\triangle x}{\triangle t}$$

- 速度
  - 平均速度：位移与时间的比值
  - 瞬时速度：运动物体在某一时刻的速度
  - 速度变化量：$\Delta v = v - v_0$

匀变速情况

匀变速直线运动

机械能守恒定律

曲线运动

曲线运动的加速度

万有引力与航天

牛顿第二定律及应用

牛顿第一定律　牛顿第三定律

力的合成与分解

三种性质力受力分析

与力学密不可分一起处理

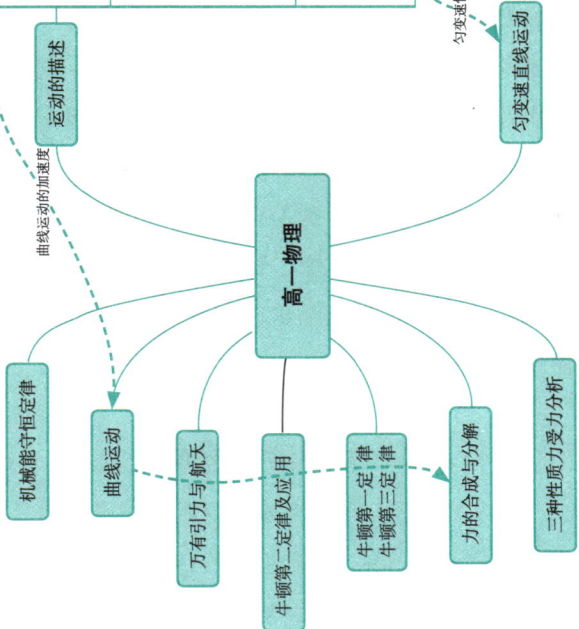

注：此导图参考人民教育出版社2019年版高一物理教材制作。

中，加速度和曲线运动通常会同时出现，那么我们在复习时就可以主动向前向后关联复习。所谓向前复习，就是在复习曲线运动时，先复习一下加速度的知识点。所谓向后复习，就是在复习加速度时，主动跳到曲线运动中进行复习。这种不断关联复习的方式能够帮助我们在做题时更有思路。

另外，还需要注意的是，我强烈建议大家不仅要把课本上的知识点汇总在思维导图上，还要对日常做题过程中的解题思路、易错点、常见题型等内容进行标记。这样，复习的时候就可以更高效地复习知识点及其在题目中的应用。

通过这三步构建出思维导图，孩子将会对一个学期的知识点有一个全新的、明晰的认识。这时，孩子的大脑中就不再是如同糨糊一般模糊、无序的知识点，而是一个个有框架和联系的记忆群组。主动把知识点进行结构化梳理的好处，不仅在于帮助我们减轻记忆负担，还可以更好地思考理科大题的解题思路。我自己做数学大题时有一个心得，就是通过将一道大题不断拆解成多道小题来解决。要想拆解一道数学大题，首先必须知道这道大题涉及哪些知识点，且每个知识点应该在什么条件下使用，同时要了解知识点之间的相互关系是什么。

很多家长问我，孩子该用什么工具来整理思维导图，其实现在有很多电脑软件都可以方便、快捷地制作思维导图。如果条件允许，家中有电脑的孩子可以用电脑软件来制作。但是，我更推荐采用手写的方式来制作。

文科记忆——精细化复述

孩子在日常学习中需要记忆的知识点大致分为两类。一类是必须一字不差地背诵的内容，如语文的古诗词、英语的单词；另一类是需要理解记忆的内容，如语文的阅读理解、历史政治的意义题等。在背诵第二类需要理解记忆的内容时，很多孩子往往会采用逐字逐句的方式来记忆，导致记忆效率低下。更糟糕的是，第二类任务正是我们平常学习中最频繁遇到的背诵任务。现在大家来做一个小实验，如果要你背下下面这句话，你需要用多长时间？

神经学家发现，如果你经常让大脑冥想，它不仅会变得善于冥想，还会提升你的自控力、注意力、压力管理能力以及对自我认知的能力。

经过简单测试，一个初中生想要完整背诵这句话需要5～10分钟，甚至有的孩子花30分钟可能也没办法背下来。然而，想要快速记住这句话并不需要死记硬背，而是需要理解性记忆。我们可以采取缩写法，把这句话转化为关键词和逻辑关系的组合。4个关键词：冥想、提升、能力、自我认知。逻辑关系：因果关系。通过这一步的缩写，这句话其实可以理解成一句更简单的话："冥想可以提升自控力、注意力、压力管理能力及自我认知力。"缩写前，这句话由54个字组成，而缩写后仅剩24个字。这两种表述表达的意思是相似的，但我们却缩减了近一半的记忆单元。

这个缩写过程就是"精细化复述"。国内知名学者彭聃龄教授在《普通心理学》中提到，精细化复述是存储信息最有效的方法之一。与逐字逐句死记硬背相比，我们可以教孩子们通过自行复述的方式来实现理解性记忆。精细化复述包括三个具体步骤：

第一步：在学习知识点时，提取关键词及其逻辑关系

将所有需要理解记忆的内容转化为由关键词和逻辑关系组成的形式。比如前面提到的那句话："神经学家发现，如果你经常让大脑冥想，它不仅会变得善于冥想，还会提升你的自控力、注意力、压力管理能力以及对自

我的认知。"我们可以提取出4个关键词：冥想、提升、能力、自我认知。逻辑关系则为因果关系。在实际记忆过程中，除了因果关系，还会涉及转折关系、假设关系、并列关系、递进关系、选择关系、承接关系、条件关系等。

常见逻辑关系汇总：

1.转折关系

尽管……可是……、虽然……但是……、……却……、……然而……、……可是……

2.假设关系

如果……就……、即使……也……、要是……那么……、无论……都……、不管……也……

3.并列关系

一边……一边……、既是……也是……、是……是……、既……又……

4.递进关系

不但……而且……、不光……也……、不仅……还……

5.选择关系

不是……就是……、是……还是……、或者……或者……、要么……要么……、与其……不如……、宁可……也不……

6.因果关系

因为……所以……、之所以……是因为……、……因此……

7.承接关系

先……再……、首先……然后……、先……然后……接着……最后……

8.条件关系

只要……就……、只有……才……

第二步：合上课本，用自己的话复述

提取出关键词和逻辑关系之后，我们就需要合上课本，用自己的话对关键词和逻辑关系进行重新表达。比如，我们可以将上述关于"冥想"的句子复述成"冥想有助于提升自控力、注意力、压力管理能力和自我认知力"。此步骤的重点是确保自己能够真正理解所学内容，即"讲给别人听，别人能听懂"，这也是精细化复述的核心。

我在执行这一步时，通常会把所复述的内容写在纸上，并大声朗读10遍，以进一步巩固记忆。对那些不需要逐字逐句背诵的内容，用自己的话复述一遍就是重新理解一遍，理解清楚了，记忆效率也就提高了。

第三步：只复习关键词和逻辑关系

在第一步中，我们提取出关键词和逻辑关系；在第二步中，我们用自己的话来复述这些关键词和逻辑关系。因此，在以后的复习过程中，我们只需要复习这些关键词和逻辑关系即可。精细化复述非常适合我的"主动学习"方法。通过浓缩记忆要点、用自己的话复述，并强化记忆要点，我们可以自己扮演老师的角色，给自己授课。通过精细化复述，把知识以我们大脑最熟悉的表达方式编码，从而大幅提高我们的记忆效率。

沉浸式记忆

在学习的时候，还是会有一部分知识点需要一字不差地背诵，如语文课文和古诗词等。那么如何才能更高效地记忆这些知识点呢？关键在于增加记忆编码的第一步——输入路径的数量。很多同学在背诵时只喜欢用眼睛看，看了半天不仅容易走神，还记不住，这是因为只使用了眼睛这一个输入路径，所以效率很难提高。除了眼睛，我们还可以同时动用手、耳朵、嘴巴等多个感觉器官。这就像给水池灌水一样，通过多个管道灌水速

度就会更快。对默写类的背诵，我们一定要增加"存储"方式，如多感官记忆、多时间点记忆等。

在培训中，我们采用沉浸式记忆法帮助孩子同时调用多个感官进行记忆。这种方法就像看电影一样，能够使人沉浸，因此我们称之为"沉浸式记忆法"，其具体步骤包括以下四步：

第一步：认真抄一遍。认真抄写必考知识点，特别是概念、定义、意义等重要部分，以加深对知识点的基本理解。如果是需要背诵的古诗文，也建议先抄写一遍。

第二步：盯着看一遍。认真阅读抄写的内容，一个字一个字地看，像要刻在脑子里一样，以形成视觉记忆。

第三步：大声朗读抄写的知识点。全神贯注，声音饱满，带有感情，注意把声音录下来。

第四步：听、说、读、写。一边听录音，一边跟着念，一边认真看，同时在草稿纸上写下关键词，通过多感官记忆法快速实现记忆。此外，每天睡觉前和起床后，也可以利用黄金记忆时间重新听录音并形成长期记忆。

如何打破背了就忘的记忆怪圈？

在上一小节，我们介绍了多种方法帮助孩子解决记忆过程中编码慢的问题。本小节将着重解决一个更为重要的问题，即"知识点背了就忘该怎么办？"。很多父母向我抱怨他们的孩子总是背得快忘得也快。为什么大脑会出现遗忘呢？其中最关键的原因是孩子没有将短期记忆巩固成长期记忆。短期记忆最重要的特征是信息保持时间相当有限。在未经复述的情况下，大部分信息在短期记忆中保持的时间很短，通常仅为5～20秒，最长不超过1分钟。因此，短期记忆也被称为电话号码式记忆。就像人们查到电话号码后立刻拨号，通完话，号码就被遗忘了。相比之下，长期记忆可以保持几天到几年之久。它与工作记忆和短期记忆不同，后两者只能保持几秒到几小时。从生物学角度来看，短期记忆是神经连接的暂时性强化，通过巩固，可以转化为长期记忆。

要将短期记忆转化为长期记忆，大脑需要发生一些改变，以保护记忆免受竞争性刺激的干扰或伤病的破坏。这种过程被称为记忆巩固，是一种依赖于时间的过程，通过这个过程产生一种永久性的记录，从而形成长期记忆。单个神经元结构和功能方面的巩固，通常在学习的最初几分钟或几小时内发生，并使一些神经元或神经元组合发生改变。不同于细胞水平的巩固，系统水平的巩固涉及对个体记忆处理过程的脑网络进行重组，可能需要几天乃至几年的时间，因此其过程更加缓慢。记忆巩固会导致新的突触形成，以便与新的神经元网络之间产生连接（突触是神经元之间的联系纽带，神经元通过突触进行信息交换）。同时，现有突触会得到加强，与神经元的联系也会得到加强。

为了解决孩子背了就忘的问题，关键是建立一套学习机制，帮助孩子有效地将短期记忆巩固成长期记忆。在给出具体方法之前，让我们看一下大脑的保持曲线。该保持曲线是由德国心理学家艾宾浩斯绘制的，描述了人类在学习后记忆留存率的变化规律。他在1879—1880年以无意义音节作为记忆材料（由若干音节组成，可以读出，但没有实际意义），运用节省法计算不同时间间隔的记忆留存率，然后绘制出了一条保持曲线。

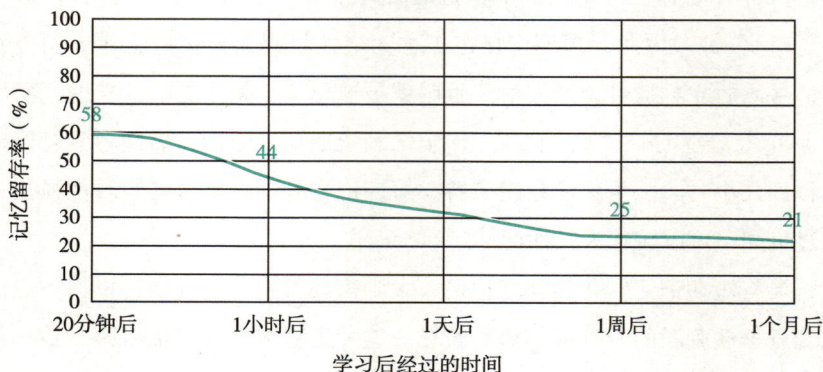

艾宾浩斯保持曲线

（纵轴）记忆留存率（%）

（横轴）学习后经过的时间：20分钟后　1小时后　1天后　1周后　1个月后

曲线标注数值：58　44　25　21

艾宾浩斯保持曲线的研究成果为我们带来了三个核心启示：

1.遗忘是所有人都存在的正常现象，我们需要直面这一现象并寻找有效的应对策略。

2.遗忘的速度并不是线性的，而是越来越慢的。学习初期的20分钟内我们会忘记近一半的内容，但在1周到1个月的时间里，即使过了3周也只丢失了4%左右的内容。

3.人类大脑的遗忘呈现出规律性，大概有11个遗忘节点，分别为5分钟、30分钟、12小时、1天、2天、4天、7天、15天、1个月、3个月和6个月。在对应的节点进行复习就可以降低遗忘速度。基于艾宾浩斯保持曲线的复习计划表可以帮助孩子克服背了就忘的问题。

艾宾浩斯复习计划表

序号	学习日期	学习内容	短期记忆复习周期			长期记忆复习周期（复习后打"√"）							
			5分钟	30分钟	12小时	1天	2天	4天	7天	15天	1个月	3个月	6个月
1	月 日		1	1	1	—	—	—	—	—	—	—	—
2	月 日		2	2	2	—	—	—	—	—	—	—	—
3	月 日		3	3	3	—	—	—	—	—	—	—	—
4	月 日		4	4	3	2	—	—	—	—	—	—	—

序号	学习日期	学习内容	短期记忆复习周期			长期记忆复习周期（复习后打"√"）							
			5分钟	30分钟	12小时	1天	2天	4天	7天	15天	1个月	3个月	6个月
5	月 日		5	5	5	4	3	1	—	—	—	—	—
6	月 日		6	6	6	5	4	2	—	—	—	—	—
7	月 日		7	7	7	6	5	3	—	—	—	—	—
8	月 日		8	8	8	7	6	4	1	—	—	—	—
9	月 日		9	9	9	8	7	5	2	—	—	—	—
10	月 日		10	10	10	9	8	6	3	—	—	—	—
11	月 日		11	11	11	10	9	7	4	—	—	—	—
12	月 日		12	12	12	11	10	8	5	—	—	—	—
13	月 日		13	13	13	12	11	9	6	—	—	—	—

对照着这个复习计划表，我将以背单词为例，告诉大家如何使用艾宾浩斯复习法。完整版的《艾宾浩斯复习计划表》在本书的附录中。

第一步：将学习内容分解

假设我们的目标是30天内记住3000个英语单词，那么我们可以把每天的记忆量分成100个单词，根据天数不同进行编号，例如填写序号1—30。

艾宾浩斯复习计划表

序号	学习日期	学习内容	短期记忆复习周期			长期记忆复习周期（复习后打"√"）							
			5分钟	30分钟	12小时	1天	2天	4天	7天	15天	1个月	3个月	6个月
1	月 日	100个单词	1	1	1	—	—	—	—	—	—	—	—
2	月 日	100个单词	2	2	2	1	—	—	—	—	—	—	—
3	月 日	100个单词	3	3	3	2	1	—	—	—	—	—	—
4	月 日	100个单词	4	4	4	3	2	—	—	—	—	—	—
5	月 日	100个单词	5	5	5	4	3	1	—	—	—	—	—
6	月 日	100个单词	6	6	6	5	4	2	—	—	—	—	—
7	月 日	100个单词	7	7	7	6	5	3	—	—	—	—	—
8	月 日	100个单词	8	8	8	7	6	4	1	—	—	—	—
9	月 日	100个单词	9	9	9	8	7	5	2	—	—	—	—
10	月 日	100个单词	10	10	10	9	8	6	3	—	—	—	—

使用《艾宾浩斯复习计划表》时，由于后面几天会存在压力增大的情况，我建议在划分学习内容时最好做到"头重脚轻"，即前几天安排更多新知识点的记忆工作。

第二步：制订短期复习计划

在完成了第一步之后，我们需要把每日学习计划进行更细致的拆分，并制订短期复习计划。以每天记住100个单词为例（称为复习计划A），我们可以把这100个单词拆分成10个小组，每组10个单词（复习计划A被拆分成了复习计划A1、A2、A3……A9、A10）。需要注意的是，在短期复习计划中，存在5分钟、30分钟和12小时3个复习节点。也就是说，在学习完新知识后的5分钟、30分钟和12小时内，都需要对所有知识点进行复习。

艾宾浩斯复习计划表

序号	学习日期	学习内容	短期记忆复习周期			长期记忆复习周期（复习后打"√"）							
			5分钟	30分钟	12小时	1天	2天	4天	7天	15天	1个月	3个月	6个月
1	月 日	复习计划A 10个单词组A1 10个单词组A2 10个单词组A3 10个单词组A4 10个单词组A5 10个单词组A6 10个单词组A7 10个单词组A8 10个单词组A9 10个单词组A10	1	1	1	—	—	—	—	—	—	—	—
2	月 日	……	2	2	1								
3	月 日	……	3	3	2	1							

时间	内容
9:00—9:05	A1
9:05—9:10	A1
9:10—9:15	A2
9:15—9:20	A2
9:20—9:25	A3
9:25—9:30	A3
9:30—9:35	A4
9:35—9:40	A4
9:40—9:45	A1
9:45—9:50	A5
9:50—9:55	A5
9:55—10:00	A2

设定如下时间安排：

9:00—9:05　完成A1组10个单词的背诵。

9:05—9:10　A1组的第一个复习节点：重新复习A1组刚刚背过的10个单词。

9:10—9:15　继续背诵新的A2组的10个单词。

9:15—9:20　A2组的第一个复习节点：重新复习A2组刚刚背过的10个单词。

9:20—9:25　继续背诵新的A3组的10个单词。

9:25—9:30　A3组的第一个复习节点：重新复习A3组刚刚背过的10个单词。

9:30—9:35　继续背诵新的A4组的10个单词。

9:35—9:40　A4组的第一个复习节点：重新复习A4组刚刚背过的10个单词。

9:40—9:45　A1组的第二个复习节点：第二次复习A1组刚刚背过的10个单词。

9:45—9:50　继续背诵新的A5组的10个单词。

9:50—9:55　A5组的第一个复习节点：重新复习A5组刚刚背过的10个单词。

9:55—10:00　A2组的第二个复习节点：第二次复习A2组刚刚背过的10个单词。

…………

21:00—21:05　12小时后是A1组的第三个复习节点：第三次复习A1组背过的10个单词。

在实践过程中往往会因为不可控的事情影响了复习节奏，所以大家在学习时无须严格遵守时间节点，掌握短期复习的3次复习精髓即可。切记不要因为某个时间节奏被打乱就产生负面情绪，从而影响整个学习计划。

第三步：制订长期复习计划

艾宾浩斯保持曲线启发我们，人类的遗忘速度是越来越慢的，因此在学习完成后的一段时间内，有必要制订一个长期复习计划。这个长期复习计划共有8个时间节点，分别是1天、2天、4天、7天、15天、1个月、3个月和6个月。

在第二天准备背诵新的100个单词之前，需要先查看当天需要进行哪些长期记忆复习。比如，在序号"2"所在行的长期记忆复习周期里，若有数字"1"，则代表需要对序号为"1"的内容进行复习，也就是需要回顾第一天所背诵的100个单词。

实际上，《艾宾浩斯复习计划表》不仅适用于单词的背诵，也适用于其他方面知识点的记忆，如汉字认读、古诗词背诵、数学公式定理等。在使用该计划表时，可能会有一些孩子抱怨："这样背东西也太慢了吧，一个知识点要重复那么多次。"但事实上，"今天学了明天就忘了"才更加浪费时间。一个学期所要掌握的知识点并不算多，我们浪费了太多的时间在遗忘上。只有通过多次重复记忆才能提高记忆效率。这也是我们前面多次强调的效率思维。

考前突击这样记忆

"考试前应该怎样复习，记忆效率才能更高呢？每次期中、期末考试前面对课本上大量的知识点，总感觉根本来不及背下来。"这个问题令很多学员头疼。考试前的突击复习其实是学习过程中很常见的现象，面对大量的知识点，如何突击效果才能更好呢？基于对这个问题的好奇，我在一组美国的研究数据里找到了答案。

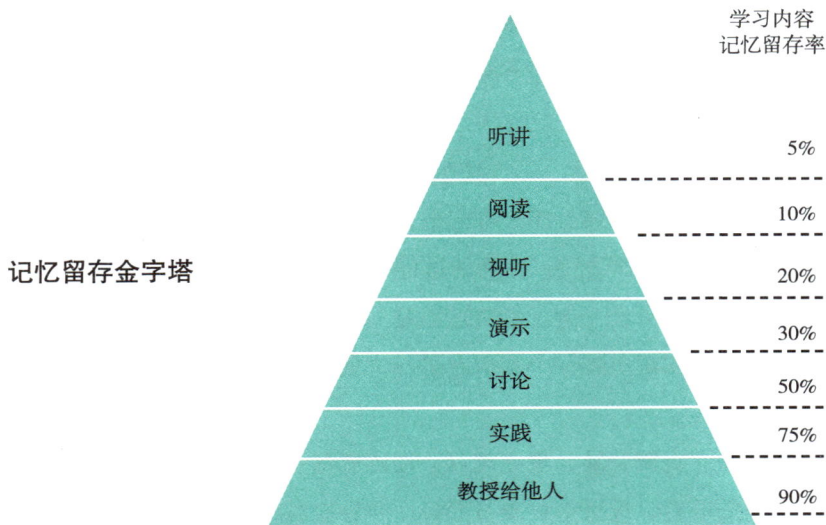

记忆留存金字塔

学习内容
记忆留存率

听讲	5%
阅读	10%
视听	20%
演示	30%
讨论	50%
实践	75%
教授给他人	90%

这是一份名为"记忆留存金字塔"的数据，它展示了不同学习方法对两周后记忆留存率的影响。从上到下，记忆效果逐渐变好。其中，记忆留存率比较低的学习方法是听讲、阅读、视听（边看边听），而记忆留存率比较高的方式是讨论、实践、教授给他人。我初次看到这组数据时非常震惊，因为在国内我们最常用的学习方式就是听讲和阅读，采用这些方法进行学习，其记忆效率却是最低的。采用实践和教授给他人等方式进行学习，其记忆效率相对更高，甚至是前两种方法的数倍，然而令人遗憾的是，在国内的教育中，实践和教授给他人等环节非常缺乏。我记得我在美国读研究生时，我的教授几乎每堂课上都会留出时间让我们进行讨论和小组实践。

但问题来了，很多同学并没有机会在学校进行实践和将知识教给他人。如何才能让更多同学将学习方式从传统的听讲、阅读升级到实践和教授给他人呢？可以尝试给自己讲解知识点。给自己讲一遍也是将自身理解的知识再次传递出去的一个过程。我对这个机制进行了总结和提升，并按照此方法设计出了更实际的考前突击备考方式——教自己一遍。

复习之高效记忆——教自己一遍

第一步：整理思维导图。在考前突击时，利用前面所讲的框架性记忆法快速整理一遍思维导图，整理的过程中要让自己完成第一轮复习。

第二步：教自己一遍。假装自己是一名老师，思维导图就是教案，不看课本，一个知识点接一个知识点进行讲解。可以讲给同学听，也可以讲给自己听。

第三步：查漏补缺，重点复习。在讲解每一个知识点时，对记不清或讲不明白的内容，进行重点复习理解，并且在思维导图上标明需要重点复习的知识点。

第九章
提高孩子的英语能力

如何规划不同年龄孩子的英语启蒙？

英语学习对很多孩子来说都是一件头疼的事情。很多同学跟我抱怨："学长，为什么英语这么难学？！单词记不住，听力听不懂，阅读理解整篇都不认识。"实际上，孩子英语学不好主要有两个原因。第一个原因是早期（14岁前）的英语启蒙没有做好。14岁是人类语言能力发展的关键期，也就是说，在此之前，孩子的语言发展能力较为强盛，但14岁之后，这种能力会逐渐减退，导致学习英语的能力也会越来越差。第二个原因是，很多同学没有了解英语这个学科的本质。英语是一门语言，语言就需要先认字再造句。在本节中，我们将帮助家长们解决孩子英语启蒙教育的问题。

为什么那些双语家庭的孩子英语学得很好呢？有一个来自双语家庭的6岁女孩，她爸爸是法国人，妈妈是中国人，她的中文、法语甚至是英语都说得很流利。这个女孩能流利地说3种语言，关键就在于其早期语言环境的影响。

华盛顿大学教授帕特里夏·库尔在研究中发现，孩子学习第二门语言的黄金期是存在的。研究发现，孩子的语言学习能力在7岁之前一直保持较高的水平，而后逐渐下降，在17岁之后学习第二门语言的效率将非常低。因此，对不同年龄的孩子，应该有不同的英语学习方式。基于多数中国家庭的实际情况，我的建议如下：

0～3岁关键期　适应多语言环境

0～3岁是孩子学习语言的关键时期，在这个阶段为孩子打下良好的语言学习基础十分重要。很多家长担心过早接触外语会对孩子产生不利影响，但事实上，婴儿具备惊人的语言天赋。一项研究结果显示，婴儿出生后对周围成人说的话高度敏感，他们能分辨出微小的语音差异。这个时期并不是要求孩子系统学习外语，而是让孩子适应多语言的环境，了解外语的发音规律。

沉浸式习得法（二语习得法）是儿童学习外语的最佳途径，并且过程轻松高效。这种方法通过创设特定的语言环境，让孩子在其中无意识地学习外语。如何在家里创造有效的语言习得环境？最重要的三个方面包括：父母说英语，看英文动画片，读英文故事书。

1.父母说英语

名词：指着说，就是当要教给孩子的词是名词的时候，指着实物说单词。比如，指着苹果说apple，指着香蕉说banana。

动词：一边说一边做，用演示的方法让孩子理解意思。比如，边说stand up边站起来，边说clap your hands边拍手。

2.看英文动画片

每天可以看20分钟英文动画片。动画片中有情境，孩子可以借助画面理解语言，因此看动画片是仅次于交际的很好的输入方式。给大家推荐下面这三部适合该阶段孩子看的动画片。

（1）*SUPER JOJO*

适合年龄：0～3岁

每集时长：2～5分钟

一集一首歌曲，通过儿歌形式描绘JOJO成长过程中的日常场景，贴近生活，歌曲旋律又朗朗上口，特别适合零基础的孩子用来磨耳朵。

（2）*Yakka Dee!*

适合年龄：0～3岁

每集时长：约5分钟

BBC（英国广播公司）低幼版块推出的系列语言启蒙动画片，通过卡通人物和外国小朋友互动的方式学习英语，每集只重点介绍一个单词，其他内容都围绕这个词进行拓展。

（3）《清华幼儿英语——语感启蒙》

适合年龄：0～6岁

每集时长：约15分钟

清华大学出版社研发，专为中国幼儿英语启蒙、英语学习制作，里面有看动画、听歌曲、学唱歌、做手指游戏、学全身肢体动作等丰富内容，可以从0岁用到6岁。

3.读英文故事书

家长发音标准，就自己给孩子读；如果对自己的发音不自信，也可以让孩子听故事音频（可以一边听，一边看图来理解）。积累一定词汇量之后，孩子就可以自己读。下面给家长们推荐一些英文故事书：汪培珽的《培养孩子的英文耳朵》、廖彩杏的《用有声书轻松听出英语力》、吴敏兰的《绘本123》、安妮鲜花的《不能错过的英语启蒙》以及盖兆泉的《做孩子最好的英语学习规划师》。

4～7岁敏感期　激发学习兴趣

很多孩子在成长过程中都会出现外语学习能力差和抵触情绪强的问题，这往往与家长在这个时期没有正确引导有关。特别是在5岁这个分水岭，孩子对外语的接受程度已经确定了。如果孩子5岁以前只听过一种语言，就会将这种语言作为母语，并形成固化思维。

比如，先学习了中文的孩子，就会用中文思维去学习外语，这样其实是有很大阻碍的。再加上这个年龄段的孩子迎来了第一个叛逆期，他们对限制和束缚有很强烈的反抗情绪，所以在引导孩子学习英语时，要以兴趣激发为主。

激发孩子学习英语的兴趣可以从看英语电影入手。比如，很多男孩都喜欢漫威里的超级英雄，那父母就可以陪孩子去看英文原声中文字幕的超级英雄电影。女孩可能会喜欢迪士尼公主的角色，父母就可以陪孩子去看迪士尼的原声电影。从电影入手，再让孩子开始阅读类似《哈利·波特》的英文原版书，这些都可以有效地激发他们学习英语的兴趣。

11～15岁稳定期　找到适合的方法

进入稳定期的孩子，已经对英语有了一定的了解，并在学校里系统地学习了英语知识。如果想在英语学习上有所突破，或者尝试接触更多外语，就要注意方法和技巧了。尤其是从11岁开始，英语考试的难度不断加大，这时就需要为孩子配备合适的英语学习方法。

我们首先要让孩子明确英语学习中最重要的是什么。我跟很多英语学得不好的孩子说过，英语本质上是一门语言。如果词汇量不够，阅读题肯定看不懂，作文写不出好词好句，听力肯定也听不懂。我看到过一组数据，即使是"985"本科大学生的英语水平，基本上也只相当于欧美小学生的英语水平。那么我们想一想，我们在小学一、二年级时是如何学习语文的呢？肯定是先认字。可以说，词汇量是语言学习的基础。

很多小学高年级和初高中的同学英语学得不好，感觉问题是出在语法上，所以他们花很多时间琢磨各种语法结构。但经过我们统计，历年中高考真题里，语法题只占10%。把大量时间浪费在琢磨语法上是很难提高英语成绩的。就像我们学习语文一样，到了高中才会去学比较复杂的中文语法结构。英语也同样如此。如果孩子的词汇量没有达标，那英语学习需要优先解决的一定是词汇量的问题。

高效背单词的方法

如果孩子英语单词背了就忘，记忆效率低，那大概率是记忆方法出了问题。我们在第八章分享的《艾宾浩斯复习计划表》就非常适用于英语单词记忆。但很多同学会问我："学长，《艾宾浩斯复习计划表》看起来很科学，但我在学校记忆单词的时候很难严格按照计划时间坚持该怎么办？"针对很多孩子提出的这个问题，这一章我再给大家分享一个更加简单和容易操作的方法——北大A4纸单词法。这种方法同时融合了《艾宾浩斯复习计划表》和多感官记忆法，对所有阶段的同学都很适用。

北大A4纸单词法

使用北大A4纸单词法之前需要准备一沓A4纸，一本需要背诵的单词书和一支黑色墨水笔。

第一步：背诵前5个单词

打开单词书，在记忆前5个单词时，先默看单词的拼写和词形，接着把单词的英文音标读一遍，再把中文含义读5遍。在读的过程中眼睛始终盯着单词，而且大脑需要记忆自己发出的声音。

最后把这个单词默写在A4纸上。需要注意，默写时只默写英语单词，不要把中文含义也默写上去。在完成第一步的过程中，需要做到眼、手、嘴同时专注学习。这也叫多感官记忆法，通过多感官的联动提高记忆效率。

第二步：第一次复习

完成5个新单词的记忆后，就来到了第一次复习的节点。我们先合上单词书，只看A4纸上刚才默写的单词。回忆这5个单词的中文含义。这时候你一定会发现有的单词可以回忆起中文含义来，有的单词已经忘了。

对忘记的单词，需要打开单词书重新巩固记忆。同样是先默看单词的拼写和词形，接着把单词的英文音标读一遍，再把中文含义读5遍，然后把这个单词重新写5遍。

每记忆5个单词就进行一次复习，是因为背完5个单词基本就到了大脑遗忘的第一个时间节点——5分钟。通过单词数量进行复习，操作起来更加简便，就不需要盯着时钟看了。

第三步：以5为倍数进行复习

复习完前5个单词后，我们就可以开始新单词的记忆了。新单词的记忆需要按照第一步的方式进行。之后每完成5个新单词的背诵，就完整地复习一遍之前背下的所有单词。

比如，完成10个单词的记忆后，重新复习这10个单词。完成15个单的记忆后，复习这15个单词。通过这三步，可以非常牢固地记住单词。下面这张图是我基于北大A4纸单词法设计的记忆吐司A4单词本，使用过程可以参考图示。

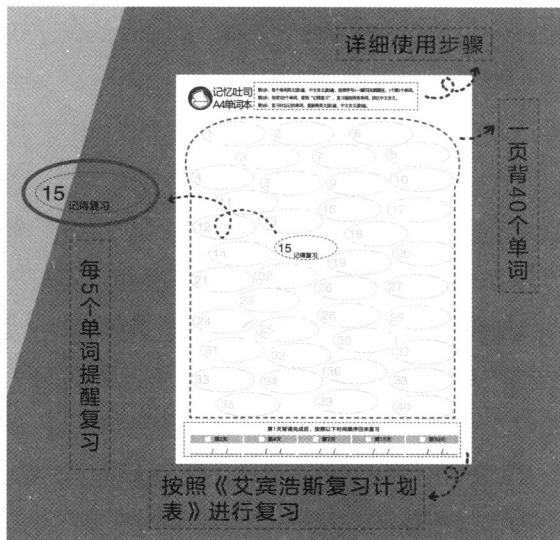

词根词缀法

很多同学不知道，英语单词像汉字一样是有自己的"偏旁部首"的。英语单词的"偏旁部首"就是词根词缀。我在为备考美国研究生语言测试而学习时，了解到了一种背单词的方法——词根词缀法，这个方法对初高中的同学也相当实用。我们一旦了解了英语单词的词根词缀，就可以把一个单词简单地分成几组进行记忆，而不需要一个字母一个字母地背诵了。就像我们记忆汉字"汗"，我们不会去记忆这个字是三点两横一竖，而是会记忆一个三点水旁和一个"干"，英语单词的记忆也是如此。

拿一个单词"attraction"来举例，它是一个名词，含义是吸引力或有吸引力的事情。通过词根词缀法，我们可以把这个单词分成三组：at（前缀）–tract（词根）–ion（后缀）。其中，前缀和后缀统称为词缀。

·前缀：英语单词的前缀改变的是一个单词的发展方向，前缀改变的方向包括上下、高低、快慢、远近、好坏、数量、强调等。"at"这个前缀表示的是"来、临近、强调"。

·词根：英语单词的词根往往来源于拉丁文，一个单词的词根代表这个单词根本的含义。比如"tract"这个词根的含义是"拉""引"，来源于拉丁文动词traho。

·后缀：一个单词的后缀决定了这个单词的词性，比如以"ion"为后缀的单词基本都是名词。

attraction这个单词就是由三个部分组成：at（强调，临近）+tract（拉）+ion（名词词尾）。我们联想一下，"来+拉+名词"这个组合代表的就是把其他人或者事物拉来自己身边的名词，即吸引力。这样背单词不仅缩减了记忆单元，而且之后遇到所有以"tract"为词根的单词，我们都可以联想到一起来记忆。如detract这个单词，"de"这个前缀代表的是"向下"，"tract"这个词根代表的是"拉"。这个单词词根词缀表达的含义是"向下拉"，所以这个单词的引申意思就是降低、贬低。再如intractable这个单词，"in"这个前缀代表的是"否定"，"tract"这个词根代表的是"拉"，"able"是常见的形容词后缀。联想一下这个词根词缀的组合就是"拉不动的"，所以这个单词的意思是不听话的、倔强的、难以控制的。

词根词缀

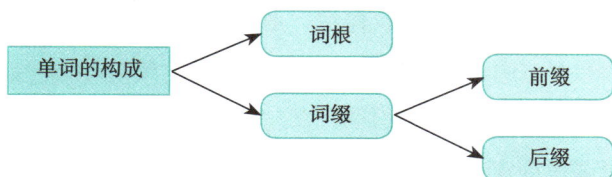

attraction

at　　tract　　ion

前缀　　词根　　后缀

再以accommodation为例。很多同学在第一次学习这个单词时都会拼错，而且这个单词的含义很多，包括住处、办公处、停留处、住宿、膳宿、和解、调解、调和等。这个单词为什么会有这么多风马牛不相及的意思？没有学过词根词缀法的同学肯定又要开始发挥"愚公移山"的精神了，开始一个字母一个字母地死记硬背。我们用词根词缀法拆解这个单词后可知，它由四个部分构成：ac-com-mod-ation。

·ac（前缀1）：当"ab-""ac-""ad-""af-""ag-""an-""ap-""ar-""as-""at-"加在相同辅音字母开头的词根前面时，表示"一再""加强，临近"。

·com（前缀2）："com"是一个很常见的前缀，含义是"共同"，如combine（联合）、compete（竞争）中"com"都是前缀。

·mod（词根）："mod"这个词根也来自拉丁文，表示"模具、量器、适中"。

·ation（名词后缀）。

这样拆解之后，我们一起联想一下：ac（加强）-com（共同）-mod（模具、适中）-ation（名词）。把东西一起放在一个模具里，所以引申出了"住处、办公处、停留处、住宿"的意思；一起变得更加适中、和谐，所以有"和解、调解、调和"的引申义。

很多同学在第一次学习词根词缀法时会有一个疑惑：好像每个单词词根词缀的意思跟单词实际意思之间都需要进行联想和引申。这其实就是一个语言演化的过程，我们在背单词的时候主动拆解词根词缀有三个好处：①缩减了记忆单元，背单词速度变快。②不再一个字母一个字母地背诵，熟悉的前缀后缀不容易拼错。③做题遇到生词难词可以通过词根词缀法猜出其含义。使用词根词缀法的过程中，我们需要主动进行拆解和联想。

如何提升英语听力？

为什么中国学生的英语听力普遍很差呢？我相信很多父母和同学有这种感受：辛辛苦苦地学了十几年英语，但一看英语电影、听英语节目，就会感到听力跟不上。我记得我大三准备去美国读研，去考托福，第一次做托福听力时，几乎是绝望的——听力材料基本上听不懂，速度也跟不上。问题出在了哪里？当时我的第一反应跟现在很多同学一样，认为听力差是词汇量不够造成的，于是我花了很多时间背英语单词，但结果是虽然花了很多时间，但我的听力并没有本质上的提升。

听力作为英语学科听、说、读、写四个方面的第一个环节，不仅会影响英语成绩的高低，更重要的是会影响一个孩子学习英语的能力。如果一个孩子学了十几年英语，高中毕业后还无法和外国人进行正常对话，那么他所学的只是一种"哑巴英语"。一名普通高中生需要掌握的单词大约是3000个。据牛津词典统计，以英语为母语者，其口语常用词为3000个，也就是说，普通高中生的词汇量已经足够。所以，很多中国孩子英语听力不好，问题并不出在词汇量上，那问题出在了哪里呢？

通过观察我们的许多学员以及我的留学经历，我发现大多数同学听力不好不是因为不认识单词，而是因为没有对单词形成条件反射。大多数同学在听英语听力时会经历三个步骤的反应过程：听到发音—基于发音反应单词拼写—基于拼写回忆单词中文含义。比如，孩子听到一个单词的发音是［əˈbændən］，他需要在脑海中回忆这个单词的拼写是abandon，然后才能反应出来它的意思是"放弃"。这种听力方式存在两个明显的缺点：首先，很多同学在从单词发音到单词拼写这个阶段会卡住，导致随后无法意识到这个单词的意思。其次，在经过三个步骤后，听力反应速度大大减慢。所以，你会发现很多孩子听听力的直观感受就是听力老师语速太快了，他们还没来得及做出反应，听力材料就读完了，接着做题的时候就只能依靠感觉瞎猜。

为什么会出现这种情况？原因很简单：孩子平常在学校学习英语的时候，背单词就是按照拼写顺序背的。大多数国内孩子的学习方法是在记忆拼写的同时读出单词的发音。这样背单词的习惯养成了，在听听力时，孩子们会先回忆单词的拼写，然后才能想到单词的中文含义。换句话说，在孩子的日常英语学习中，只训练了单词拼写—单词含义的记忆，而没有注意单词的发音。我们做过一个小测试，让一个高一的孩子听高考真题的英语听力。结果是不出意外的：满分为30分的听力题，这个孩子只得了10分。更有趣的是，当我们拿出高考真题听力部分的原文给这个孩子看时，发现他居然能看懂90%的听力材料。因此，结论显而易见，孩子不是看不懂，而是听不懂。

考虑到大多数中国孩子在英语听力方面的困难，我们研发了一种帮助孩子训练听力的方法——音译映射法。这种方法的思路非常简单。既然听力听不懂是因为孩子的听取速度太慢，那就可以在日常听力训练中提升孩子听听力的反应速度。如何提升？把孩子原本的听听力过程"听到发音—基于发音反应单词拼写—基于拼写回忆单词中文含义"缩减为两步——"听到发音—反应中文含义"。通过这样的训练，孩子可以直接在听到发音时理解单词的中文含义，听力过程从三步缩减到了两步，速度自然而然就得到了提升。

音译映射法

所谓"音译映射法"，就是孩子在听到发音后直接反应译文（中文含义）。训练孩子对单词发音和译文直接的条件反射，具体由四个步骤构成：

1.把所有听不懂的单词记录下来。这一步要求孩子在做听力题的时候，把所有听不懂的单词记录到一张纸上，这些单词就是孩子在听力中遇到的生词。需要注意的是，孩子听不懂的单词并不代表不认识，而是听不懂。孩子在之前的英语学习中，很多单词都背过，但都只背下了拼写顺序，并没有记住发音。

2.上网下载每个单词的美式发音。国内大多数英语考试使用的是美式发音，所以我们可以使用各种在线词典或者背单词应用程序，下载那些我们听不懂的单词的美式发音。此外，现在很多教材和单词书提供了相应单词的发音，我们也可以直接使用它们。

3.只听不看，听到发音快速反应单词含义。完成美式发音的下载之后，就可以开始训练孩子对单词发音的条件反射了。在这个过程中，一定不能去看单词的拼写，只让孩子听每个单词的发音，并试着直接反应单词的意思。刚开始时，可能会有些困难，很多孩子还是会本能地想到单词的拼写。这时，父母可以给孩子进行一个听力单词测试训练。以10个单词为一组，连续播放每个单词的发音，播放2遍后，要求孩子默写出它们的中文含义。

4.遇到听不懂的单词，查看单词含义。在听的过程中，一定还会遇到听不懂的单词。遇到这种情况，我们可以重新打开单词书查看该单词的含义，然后再重复听10遍这个单词的发音。多次训练后，能够快速听懂的单词也就越来越多。

网上还有很多其他的英语听力训练方法，比如一些老师会推荐孩子采用精听英语短文的方式来提高听力。但通过我们对学员的训练，音译映射法可以更有效地帮助孩子更高效地掌握听力生词，因为当孩子开始精听短文时，他们可能已经能够听懂像the、a、they、you这样的常用词，所以精听短文会浪费很多时间。对大多数英语基础比较差、童年英语启蒙没有得到充分重视的孩子，音译映射法是一种极具性价比的提高听力能力的方法。

英语作文如何拿高分？

我们以前的学习能力提升课程中并没有涉及太多关于提升英语作文水平的方法，这不是因为作文不重要，而是因为在我看来，只要孩子掌握的英语词汇量足够，写一篇高分作文其实并没有太大问题。然而，很多小初高的学员家长仍然很担心孩子的作文能力，因此在这一小节中，我将跟大家探讨一些经常被忽略的英语作文要素，如题目、格式、语法和篇幅等。通过本小节的学习，同学们可以避免由于忽略细节而被扣分的情况，从而提升英语作文水平。

作文题目

英语作文题目有几个重要原则，这些原则贯穿了所有年级的考试。①题目需要第一行居中，并且简短有力，不要废话。②第一个词和最后一个词首字母要大写。③一般实词（动词、名词、形容词、副词、代词）首字母需要大写，虚词（连词、介词、冠词）首字母需要小写。给大家举几个高分标题及书信开头的例子，注意观察它们的大小写。

Score is not Equal to Knowledge（《分数并不等于知识》）

Knacks for Learning Language（《学习外语的诀窍》）

Dear Terry，（书信开头）

Dear Sir or Madam，（书信开头）

Notice（书面通知标题）

作文格式

英语作文里有三类常见的类型，分别是书信体、演讲稿和通知。这三类作文有着严格的格式要求：

1.书信体：开头用"Dear"，结尾用"Yours"。如果是不确定收信对象性别的书信，开头用"Dear Sir or Madam，"。如果是确定写作对象姓名的书信，比如写给李华的一封信，那开头就用"Dear Li Hua，"。书信体最后一段一定要简短有力，收束全文。比如你是李华，给××写一封信，我推荐大家使用这种结尾方式：

Hopefully I can receive your acceptance.

Yours faithfully，

Li Hua

2.演讲稿：以下是演讲稿常用的开头模板。

Ladies and Gentlemen， may I have your attention please?

Good afternoon everyone!

以下是演讲稿常用的结尾模板。

Thank you for your time...

Thank you for listening...

3.通知：通知类作文开头不需要太复杂，只要注意引起人的注意即可。

作文语法

在写英语作文时，只需掌握基础时态和保持主谓一致就可以了，不需要刻意炫耀语法技巧。

对语法基础较差的同学，建议尽量使用简单的句子结构，如使用短句或只有主谓宾的句子，以避免因语法错误被扣分。不知道如何表述的句子，可以多用定语从句或状语从句这种简单句型。比如，想要在作文里表述"我最喜欢的一件事"，但你忘记了"favorite"的拼写，就可以直接表述成"things that I like most"。

作文篇幅

推荐采用"2+4+2"形式，即开头写2句话，中间写4句话，结尾写2句话。

高考作文一般要求100词左右，正文部分可分成3段，共11~12行，答题区剩余1行半是最理想的状态。

第十章
提高孩子的数学抽象能力

如何给孩子做数学启蒙？

数学可能是很多家长最头疼的一个学科，这不仅是因为孩子的数学不好辅导，更是因为很多父母自己读书时就没把数学学明白。作为人类发明的一种符号语言，数学本质上需要孩子具备极强的逻辑能力和抽象能力。所以，我们几乎很难看到一个孩子小学和初中数学成绩不好，到了高中后数学成绩一飞冲天。我们又常常观察到那些数学思维搭建得好的孩子，其数学能力几乎一直远超同龄人。他们看起来不需要花太多的时间在数学上，就可以把数学学得很好。

如何帮助孩子进行数学启蒙，搭建数学思维呢？数学启蒙应该重视孩子的三种底层数学思维方式：模糊数量系统、空间思维、推理思维。需要说明的是，本节数学启蒙的内容仅限于学龄前和小学低年级的孩子，如果您家孩子已经读初中或高中，请直接查看下一个小节，了解"做题总是马虎"的相关内容。

启蒙思维一：模糊数量系统

研究人员发现，半岁的宝宝就可以分辨出哪堆物体多哪堆物体少，1岁多的宝宝就对数数这种行为非常敏感了。事实上，我们的大脑天生就安装了模糊数量系统，宝宝可以依靠视觉进行模糊的数量比较，这是一种天生的数感。因此，帮助孩子进行数学启蒙首先需要搭建的是对数字的概念。

为了帮助学龄前的孩子搭建数字概念，父母可以陪孩子玩一个叫作"指物比数字"的游戏。很多幼儿不知道"3和5谁大"，我们可以通过物品的比对让抽象的数字具象化。父母可以在孩子面前摆上葡萄，在下面一层放5颗青葡萄，上面一层放3颗紫葡萄。这里要讲一个重要技巧——一一对应。孩子要将紫葡萄和青葡萄进行一一对应，如果青葡萄最后多出来2颗，那就是青葡萄多。此外，要教孩子反向思考，青葡萄比紫葡萄多，也就是5比3大，反之，紫葡萄比青葡萄少，也就是3比5小。如果不强调这一点，孩子可能就没有这个意识。

在玩"指物比数字"游戏时，最好使用生活中丰富的实物进行比较，如食物、玩具、人数等。通过给孩子举例并做一一对应的比较，可以巩固他们对数字的概念。卖果蔬游戏也是一个很好的数学思维游戏，你可以问孩子："老板，这两堆苹果，我要买多的那一堆，你来看看哪边比较多。"

启蒙思维二：空间思维

对孩子的数学启蒙来说，空间思维能力也非常重要。由于孩子的抽象思维能力比较欠缺，因此空间图形作为一种具象物，可以更直观地展现数学概念。那么如何利用空间图形来学习数学呢？答案是，多玩拼接类的玩具，如七巧板、折纸、剪纸、拼图、积木、魔尺、玩具小车的轨道等。

通过这些玩具，孩子可以搭建各种空间形状，从而得到很好的空间思维训练。

2013年的一项针对100多名3岁儿童的研究发现，更会玩积木的孩子在上小学后，数学表现也更好，不论孩子们的家庭经济条件如何都是如此。2018年的另一项研究也发现，学龄前儿童玩积木游戏可以提高孩子的算术和形状识别能力，以及数学词汇量。另外，不管是带孩子玩哪种拼接类玩具，都应该记住一个原则：尽量多地使用空间类词汇，比如"上下""前后""左右""里外""中间""四周""倒过来""放平"等。研究发现，如果教会孩子使用更多的空间类词汇，他们的空间思维能力将得到更好的发展。

启蒙思维三：推理思维

最后一种底层思维是推理思维，我们常说的数理能力就是数学和推理的能力，两者很难分家。那么如何培养孩子的推理能力呢？我们可以帮助孩子进行类比、归纳、演绎。

1.类比推理。类比推理是归纳总结的基础。在数学中，我们可以让孩子类比奇数1、3、5、7、9和偶数2、4、6、8、10之间的关系，或者观察直角三角形、锐角三角形和钝角三角形，找出它们的相同点和不同点。这样做的目的是引导孩子从天性喜欢的具象推理到知识的抽象推理，让他们养成去类比找规律的习惯。

2.归纳推理。归纳推理是由个别到一般的推理。它通过从一定程度上对个别事物的观察，得出范围更宽泛的观点。例如：在一个平面内，直角三角形内角和是180度，锐角三角形内角和是180度，钝角三角形内角和是180度；直角三角形、锐角三角形和钝角三角形是全部的三角形，所以，平面内的所有三角形内角和都是180度。归纳推理对孩子的抽象思维能力有一定要求，孩子需要从现象中总结出规律。因此，家长又要开始行动了，帮孩子把抽象化为具象。比如，你可以利用积木块，以每层两块为一组向上搭建，让孩子分别观察总块数为2、4、6、8、10的图形是什么样的，最后引导孩子得出结论——偶数可以被2整除。

3.演绎推理。演绎推理是由一般到特殊的推理方法，与"归纳法"相对。在演绎推理中，推论前提与结论之间的联系是必然的，是一种确实性推理。经典的演绎推理是三段论。例如：知识分子都应该受到尊重，人民教师都是知识分子，所以人民教师都应该受到尊重。孩子在玩积木游戏时也需要推理，同时需要利用他们的物理感知。当孩子搭建积木时，我们可以问他一个问题："这么拼的话，接下来会怎么样呢？城堡会不会倒塌呢？"通过这种引导性的提问，我们可以培养孩子的演绎推理逻辑。

做题总是马虎怎么办？

"我们家孩子做题太容易马虎了！明明能拿满分的卷子，总是因为马虎，这儿丢一分，那儿丢一分。怎么做才能让孩子改掉这个坏习惯呢？"我相信这是许许多多父母的困惑。确实，很多孩子特别容易因为马虎犯错。但想要解决孩子的马虎问题，我们需要重新定义什么是马虎。

很多孩子会跟父母讲："这道题我不是不会，只是马虎了。"很多家长也认为孩子的马虎就是不仔细、不认真，读题时不好好读，做题时没有认真做。但如果我们只是把孩子的马虎定义为态度问题，就无法从根本上解决它。停止以马虎为借口是戒除马虎的首要条件。我们需要跟孩子一起正视马虎这个问题的根源。当我们深入研究孩子马虎出错的题目时，常常会发现以下几种情况。

1.很多孩子马虎是因为计算失误，比如将加法误看成减法、将3误看成5等。这种情况其实是由于孩子对数字的专注度不够，即看到数字后容易走神。解决此问题的方法是提升孩子对数字的专注力。

2.有的孩子马虎是因为在应用具体数学公式或定理时出现错误，比如圆的面积公式是$S=$圆的半径（r）的平方乘以π，但很多孩子会用圆的直径去计算。这种公式应用错误往往不只是出现在考试中，很多孩子在日常做题时也犯过类似的错误。因此，解决这个问题的关键在于帮助孩子建立错题本机制，确保做过的错题不再反复出错。

3.还有一类出现马虎的原因是考试时过度紧张。很多孩子平时做题总是磨蹭，没有训练自己的做题速度。一旦上了考场，做题速度自然跟不上，因为时间不够用，导致心态紧张，本来可以做对的题反而做错了。改变这种情况必须对平时做题的速度进行训练。

"写数字"训练

针对很多孩子做题最容易马虎的计算问题，我们需要从提高孩子对数字的专注力入手。很多父母会发现孩子在做数学题时总犯一些低级错误，比如写错数字或计算符号。出现这些计算马虎问题的本质原因是专注力锻炼不足——脑子比手快。很多孩子脑子里在想一个数字，但手的速度跟不上。脑子里想的是31，而手上却写成了41。提升孩子的计算速度需要从反复训练计算能力和提升对数字的专注力入手。我建议父母让孩子进行一项叫作"写数字"的训练。

这个训练非常简单。让孩子拿出一张空白的草稿纸，然后从1开始写，后面是2、3、4……很多孩子在刚开始进行这项训练时，坚持到100多，中间某个数字便会出错，之后就无法继续下去了。如果孩子中间出现错误，就需要重头写，帮助脑子和手有效地同步。这个训练甚至很多成年人也可以做，能够坚持到300就算是不错的成绩。

整理错题本

整理错题本是我从初一开始一直坚持到高三的习惯。一个孩子一个学期会做很多题，也就会做错很多题。如果不能有效地整理和复习这些错题，那么可能会出现做过的错题反复出错的情况。尤其是一些易错点，平常小测和做作业的时候不重视，到了大考大概率还会犯错。我常常跟我的学员们说："学习的本质就是做一道题会一道题，做一类题会一类题。"如何才能做到做过的题不出错？一定要从整理错题本开始做起。

也有不少同学跟我抱怨，说自己曾经整理过错题本，但感觉是在浪费时间，用处不大。我就会问这些同学平时都是怎么整理错题的。大多数孩子整理错题时仅仅是抄一遍题目和答案，然后把错题本扔到一边，应付完任务就行。如果是这样整理错题，还不如不整理，这就是在浪费时间。整理错题本的关键是要把一道题搞明白，而且不仅当天搞明白，几个月后再做还能做对。基于这个目标，我整理了帮助我提高高考成绩的错题五步法，做成了下面的错题本。通过这个错题本，我来说明错题本的正确使用方法。

第一步：整理题干

错题本的题干整理有两种方式。如果是因为审题失误导致的错题，建议孩子手抄一遍题干。因为审题错误往往是出题人故意设置了一些"坑"，也就是易错点。重新抄一遍就能深入理解题干本身。对其他错题，建议直接裁剪题目并粘贴到本子上。如果试卷很重要，不允许裁剪，我们可以把错题所在的页面直接复印一张。裁剪粘贴的目的是节约整理错题的时间，提高效率。

数学

一定要整理：

1. 典型题（明确步骤）

2. 易错的计算问题（题型易错点）

3. 难点题（明确做题思路）

第五步：完成三轮复习

按以下时间
不看答案，在草稿纸上再做一遍

☐第2天 ＿＿／＿＿／＿＿

☐第7天 ＿＿／＿＿／＿＿

☐第30天 ＿＿／＿＿／＿＿

第三步：分析错误原因

注：总结公式定理
　　标注计算错误
　　总结答题思路

第一步：整理题干

注：题干建议直接裁切粘贴

第二步：重新做一遍

第四步：把答案折过去

第二步：重新做一遍

　　整理完错题题干之后，不要直接抄答案，一定要在本子上重新做一遍。这样做的意义是重新思考这道题并暴露自己当时出错的原因。如果对自己没有信心，可以用铅笔在答案区重新做一遍。

第三步：分析错误原因

　　所有的错题都必须分析错误原因，这是最关键的一步。整理错题时不分析错误原因，就相当于没有整理。在整理错题时，如果是计算过程的错误，可以用红色的笔进行标记，以便下次遇到类似的计算问题时能够引起重视。如果是没有解题思路导致的错误，可以用绿色的笔总结类似题型的做题思路，比如添加辅助线的方式、函数题设置未知量的方式等。如果是公式、定理的遗忘和应用错误导致的错误，可以用蓝色的笔标记涉及的公式、定理。

第四步：把答案折过去

为什么要把错题的答案折过去？这是为了杜绝学数学的"眼高手低"现象。所谓"眼高手低"，就是用眼睛看一道题以为自己会了，但一动手做就出错。这种现象在数学学科中尤其常见。"眼高手低"的根本原因在于平时做题只动眼不动手。只用眼睛看一道题，脑子里感觉有了完整的思路，但一旦动手去做，问题就暴露出来了。整理错题本的过程也是如此。很多同学整理完错题后，在日后复习时会直接看到答案，然后误认为自己已经完全理解了思路，但下一次考试遇到同样的题时，如果看不到答案，就会再次出现问题。所以，把答案折过去这一步就是为了防止"眼高手低"现象的发生，并杜绝它的发展。

第五步：完成三轮复习

所有的错题都需要隔天、隔周、隔月共重新动手做3遍。注意这里是要动手做，而不是看答案进行复习。重新做3遍的意义在于真正搞明白出错的原因。如果3次重做都做对了，那么这个题目就可以放到错题本的后面，等期中考试或者期末考试前再进行一遍复习。但如果在3次重做的过程中仍有错误，那么需要从头开始再进行一轮复习。

错题本建议使用活页本，我们在一个学期中做过的同一个章节和同一个考点的错题应该放到一起攻克。比如，都是三角函数的错题，那就把这些错题放到一起。这种方法可以提高复习效率。不仅是数学，我建议所有学科都给孩子准备一套错题本。无论是语文还是英语，整理错题本的过程都能帮助孩子稳扎稳打，磨炼学习心态，养成好的学习习惯。

日常做题训练

我记得我们高中班主任说过一句话："平时做题不认真仔细，到了考场还想不马虎？"这句话从一位从教20多年的老教师嘴里说出，其实道破了很多孩子考试马虎的根本原因——在平时做题时就没有养成好的做题习惯。我们有一个六年级的小学员，他的数学学得还不错，是个聪明的孩子。但是他每次考试都会因为马虎丢分，无论多简单的试卷都很难拿满分。我们向这个孩子的父母了解他平常的学习习惯后发现，这个孩子写作业特别磨蹭。他明明可以半个小时就把作业写完，但总是要花1个多小时。写数学题时还特别喜欢口算，计算题很少拿草稿纸清晰地写出步骤。于是我跟孩子妈妈说："这就是孩子总是计算马虎的原因——平时的做题习惯没有培养好。"

培养孩子日常的学习习惯的思路就是把每一次日常做题当成一次考试，无论是在时间上的限制还是做题习惯上都要跟考试保持一致。通过这种日常训练，孩子就会形成好习惯，到考试时也不会因为紧张而出错。基于这个思路，我们设计了一套叫作"日常做题训练"的方法。

1.做题前给自己设定时间，限时做题。每次开始写作业或者做题前，让孩子先估算一下需要花多少时间。设定好时间之后就不可以变动了，在孩子面前放一个闹钟，设定好倒计时。通过日常限定时间写作业可以培养孩子的时间规划能力和做题速度，以应对真正的考试时间限制。

2.平常做题一定要一步一步写在草稿纸上。在做数学题的过程中，无论是多么简单的题，都要在草稿纸上写清楚每一步的计算过程。这有利于梳理做题思路，也方便做错题时回到草稿纸上找出出现问题的具体原因。

日常学习中一定要让孩子养成这个习惯。很多孩子在平常写草稿纸时潦草且没有条理，到了考场就容易因为运用不好草稿纸而抄错答案或步骤。

3.每道题做完之后都进行二次检查。在日常写作业、做题时间不是很紧张的情况下，尽量让孩子在每道题做完后进行一次检查。二次检查说起来很简单，但实际上很多孩子并不知道该怎么做。很多孩子一说要检查，就直接重新做一遍题目，这种方法既浪费时间，又很难真正找出问题所在。因此，培养孩子二次检查的习惯需要从日常做题入手，具体可以采用数学题中常见的二次检查思路：

·公式、定理确认法：检查基本概念、定理、公式等是否正确、适用。这一步是很多孩子会忽略的，事实上，二次检查的第一步就是回到题干中检查自己所使用的公式和定理是否正确，以及题目的设定是否符合所用公式和定理的适用条件，还要检查公式是否书写正确。比如，很多同学一遇到等比数列求和的题目，就开始套用等比数列求和公式，但忽略了公比$q=1$的特殊情况，从而得出错误结果。

·答案代入法：把题目所得答案代入题干中进行检验，或者把答案作为一个已知条件去反向推导题目中的已知条件。如果反推之后得到的答案与已知条件不一致，则说明做题过程出现了问题。这种方法非常适用于很多函数题，可以快速检验答案是否符合题干中已知条件的要求。但这种方法并不适用于证明题和结论性、判断性题目，这些题目只能从题目的条件分析入手进行检查。

·特殊值/极限值检验法：很多计算题本身不能利用特殊值来计算答案，但我们可以使用特殊值来进行检验。将所要研究的问题向极端状态进行分析，使因果关系更加明显，从而达到迅速解决问题的目的。极端性检验法多数应用在求极值、取值范围、解析几何上面。很多计算步骤烦琐、计算量大的题，采用极端性去分析，就能迅速解决问题。比如，设定某个变量为0，或者把一些特殊的图形设定为熟悉的图形。举例来说：下图中三个大正方形各有一个顶点重叠于一个边长为1的小正方形的中心，请问小正方形涂色部分的面积是多少？

如果我们算出了小正方形涂色的面积，然后检查发现小正方形涂色的面积等于小正方形面积的 $\frac{1}{3}$，那我们就尝试着旋转这几个正方形到一个特殊的情况，如下图所示。这样我们就可以清晰地看到涂色部分的面积等于中间正方形面积的 $\frac{1}{4}$，这样就轻松地验证出前面计算的答案是错误的。

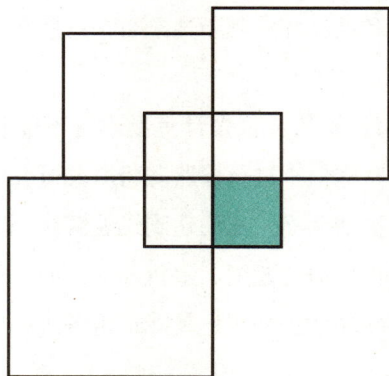

·逆运算检验：这种方法非常适合小学同学和初中低年级的同学来检验计算步骤是否存在问题。简单地说，就是把你运算中的每一步进行逆运算，比如在做题时做了一步乘法，那就可以反过来用计算结果除回去看看是否正确。如果在做题时用了一步减法3-2=1，那就把计算结果1重新加回去，计算一下1+2是否等于3，如果是，说明计算结果正确；如果不是，说明计算结果错误。逆运算检验可以大幅度减少低级运算错误，是在数学学习过程中进行计算时最常用的方法。

掌握做题思路，破解为难心理

除了计算马虎，很多孩子在做数学题时还会遇到另一种让人头痛的问题——没有思路。尤其是对一些大题，很多孩子盯着题目看半天也找不到思路，以致抓耳挠腮，非常苦恼。为什么孩子在做数学题时容易没有思路呢？问题的关键在于，很多孩子从一开始就没有学会"数学语言"。数学语言跟语文和英语很不一样，语文和英语是人类为了交流而发明的一种沟通方式，而数学是人类为了解释这个世界的规律而发明的抽象符号。孩子总是没有思路，是因为他们没有掌握数学这个学科的表达方式。

很多孩子到了小学高年级或初高中后会问我一个问题："学长，你认为数学应该怎么学？"有人会说："学数学不能做太多题，你觉得高考会有重复的题目吗？都是新题，别想着做到原题，刷太多题有时反而会被局限住！"有人会说："学数学就要多做题，反复做很多遍，做多了能做出'题感'！"还有人会说："数学题分很多类，每种都做几道，积累在本子上，这样考试的时候更容易想到类似的题目。"这些说法都没有错，但这些说法都没有触及数学这个学科的本质逻辑。

为了帮助更多同学理解并掌握数学学科的语言逻辑，我请教了很多资深的数学老师和中高考出题人。在沟通过多次之后，我突然意识到，我可以通过把数学出题人的出题思路分享给孩子们，让孩子们理解一道数学题是如何被设计出来的。这个过程就是数学语言的一种表达方式。数学出题人在设计数学题的过程中会用到三种基本方法：①改变条件；②改变未知量；③类比。我经常跟我们的学员开玩笑，说这三种方法就像语文中的比喻、拟人、排比等修辞手法。一旦我们掌握了这三种数学语言，读懂一道数学题就变得轻松多了。

出题人是如何设计数学题的？

　　出题人在设计一道数学题时，通常会基于我们日常做过的题目进行改进和升级，使其变成看起来不一样的新题。换句话说，我们在考试中遇到的多数新题都是基于我们之前做过的课本例题或者课后习题改编而来，只是通过改变条件和未知量，或者进行类比推理等加以变化，但其本质并未改变。由于很多孩子没有掌握有效的融会贯通和举一反三的能力，所以他们在解数学题时常常没有思路。可一旦我们帮孩子理解了数学题的改编过程，就可以让孩子在之后的学习中有意识地进行举一反三的思考。下面以一道简单的勾股定理相关的题目为例，介绍数学题设计中的三种方法。

　　原题目：已知长方体的长、宽、高分别为a、b、c，求对角线长度。这是一道非常简单的题，我们只需要通过勾股定理进行计算，就可以得到长方体的对角线长度。我们日常在课本例题上做的往往就是这种比较简单的题目，套用公式或定理就能直接得到结果。但在实际考试时，出题人是不会直接照搬课本例题的，而是会根据例题进行改编。

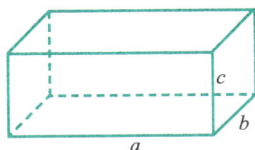

1.改变条件

原题目的条件是基于长方体进行设计的，那么出题人在出题时就会对条件做普遍化或特殊化的处理，比如：

普遍化：已知从平行六面体对角线一端出发的三条棱长以及三条棱之间的夹角，求其对角线的长度。（将条件中的长方体普遍化为任意的平行六面体，长方体是一种特殊的平行六面体。）

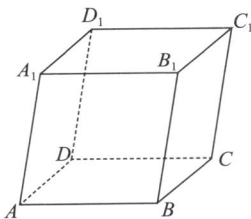

特殊化：已知立方体棱长，求它的对角线长。（将条件中的长方体特殊化为长、宽、高相等的立方体。）

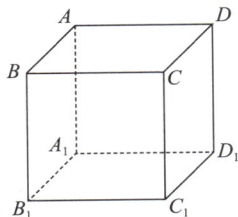

2.改变未知量

原题目的未知量是求解对角线的长度，那么对未知量进行改变，就可以设计成：

已知长方体三边a、b、c，求内接球体积。

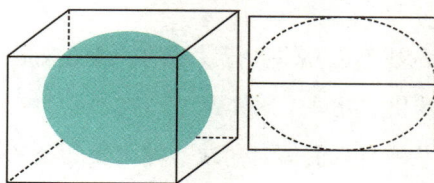

已知长方体三边a、b、c，求外接球体积。

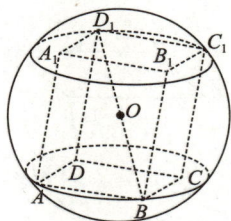

其实只要能算出长方体的对角线长度，无论是求解内接球体积还是外接球体积都很简单，但很多同学一看到这种自己没有见过的题目就会发蒙。

3.类比

题目中是通过长方体的长、宽、高来求解对角线的，那么通过类比，可以把长方体换成正八面体、正四面体等。

已知正八面体棱长，求对角线长。

已知正四面体棱长，求外接球半径。

已知地球表面任意两点的地理坐标，求两点之间的球面距离。

通过分析出题人如何设计数学题，我们基本就触及了数学语言的构成。出题人会对一个题目的已知量、未知量和已知量与未知量之间的关系进行改变，我们在思考一道数学题时也应该按照这三个方面进行拆解。通过这样的拆解就可以把一道看起来没有思路的新题，拆解成平时反复做过的旧题。

所有数学题目都由三个部分构成：题目已知条件（已知量）、需要得出的结论（未知量）、中间发生了什么（已知量与未知量的关系）。很多孩子做数学题时看完题目半天没有思路，原因就在于没有对题目的组成进行有效的拆解。所以想要加快数学思路的思考过程，拿到一道题，我们就需要让孩子在草稿纸上列清楚这道题目的已知量有哪些，未知量有哪些。接着在脑子里开始思考这些问题：

数学题目的通用思考过程

| 题目已知条件 | ⟶ | 需要得出的结论 |

中间发生了什么？怎么想到的？

· 未知量是什么？

· 已知量（已知数、已知图形和已知事项等的统称）是什么？条件是什么？

· 满足条件是否可能？

· 要确定未知量，条件是否充分？或者条件是否不充分？或者是多余的？或者是矛盾的？

· 画张图或者引入适当的符号。

·把条件的各个部分分开，同时能否把它们写下来？

这种方法被我们称为"探索法"，就是面对一道陌生的题目不断地探索题目的信息，在做题的每一步都发问。这样做的好处是让孩子的大脑活跃起来，尽快想到解决办法，而不是盯着题目，大脑一片空白。探索法有三个核心步骤，分别是观察未知量、观察已知量和寻找未知量与已知量的联系。

（1）观察未知量：通过题目的问题，先明确这个题目需要我们求证的未知量是什么。未知量有两种，一种是题目直接明确提问的需要求解的，另一种是题目论证过程中需要涉及的中间结论。

（2）观察已知量：仔细审题，看懂题目里给的每一个已知量，也要思考题目中有哪些隐藏的已知量条件。接着需要把已知量用相对应的数学符号写到草稿纸上。

（3）寻找未知量与已知量的联系：未知量和已知量有两种发生关系的方式，一种是直接联系，另一种是间接联系。直接联系是通过课本的公式、定理可以直接求证的联系。如上一小节求证长方体的对角线长度，只要使用勾股定理就能直接得到结论。间接联系则更加隐蔽，比如我们见过的类似的题目，通过已知量可以先推导出什么中间结论，极端情况下未知量会是什么，通过反面求解能否证明，能不能把题目简化成一种更普遍的情况。随着数学学习的深入，间接联系的情况会出现得越来越多。

我们又称探索法为"万能解题思路"，因为无论哪个年级的数学题都可以通过这三步拆解题目找到思路。不断刻意练习和强化这套思维模式，就可以提高数学能力。下面以一道高中数学题为例，说明在实际运用中，如何通过这三步，快速地从没有思路的题目中找到思路。

题目：一个三角形的三条边构成公差为d的等差数列。该三角形的面积为t。求该三角形的边长和角度。

解题策略第一步：问题类型

先问自己这是一个什么类型的题目，从而选择对应的答题策略。

数学有三种常见的题目类型：

1."证明……"或者"推算……"的题目。这类题目要求证明某个特定的命题为真，或者推算出某个特定表达式的值。

2."求一个……的值"或者"求所有……的值"的题目。这类题目要求我们求出满足特定条件的一个值。

3."是否存在……"的题目。这类题目要求证明一个命题为真，或者举出一个反例。

这道题明显是属于第二种类型求值的题，所以我们首先明确了这道题需要我们在给定的变量前提下算出未知量，通过建立关联d、t以及三角形边和角的多个方程，从而求出未知量。

解题策略第二步：已知量

题目给了哪些已知量？有些已知量是明显的，有些已知量是隐藏的。把已知量用符号表述出来。这道题里比较明确的已知量是：

1.三角形三边公差为d。

2.三角形面积为t。

解题策略第三步：未知量

我们要求证的目标是什么？此题是"求该三角形的边长和角度"，所以未知量是边长和角度。由此我们可以设三条边长分别为a、b、c，三个角分别为α、β、γ。

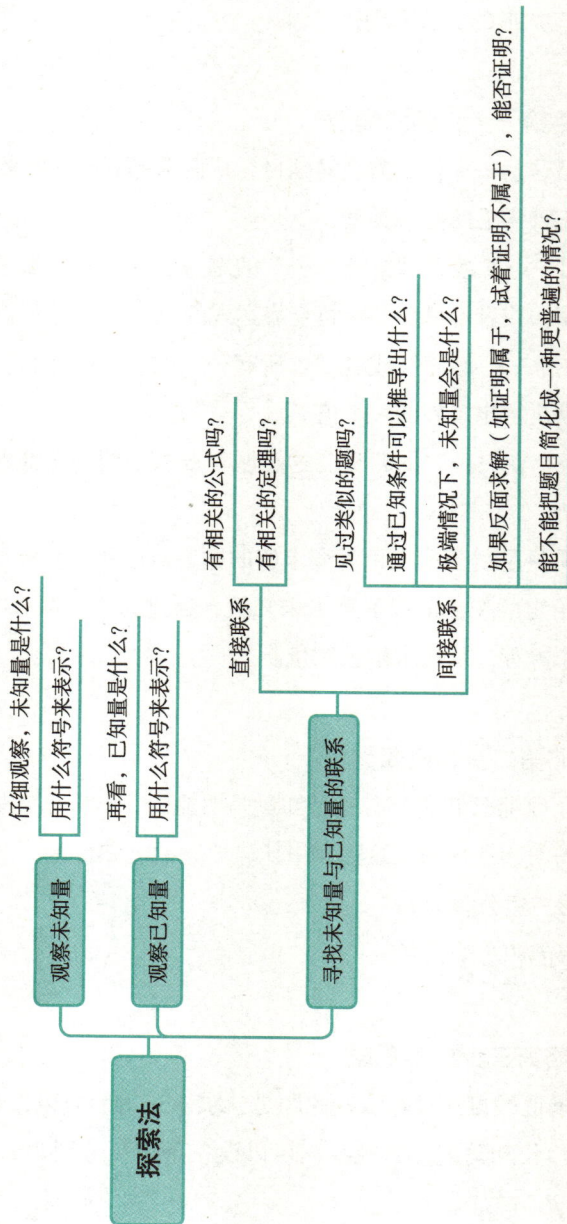

探索法

观察未知量
- 仔细观察，未知量是什么？
- 用什么符号来表示？

观察已知量
- 再看，已知量是什么？
- 用什么符号来表示？

寻找未知量与已知量的联系

直接联系
- 有相关的公式吗？
- 有相关的定理吗？

间接联系
- 见过类似的题吗？
- 通过已知条件可以推导出什么？
- 极端情况下，未知量会是什么？
- 如果反面求解（如证明不属于，试着证明不属于），能否证明？
- 能不能把题目简化成一种更普遍的情况？

解题策略第四步：已知量与未知量如何发生联系

这一步的联系有以下可以使用的思路：

1.题目直接给出的条件；

2.课本上学过的公式、定理；

3.自然约束条件；

4.极限情况（最大、最小等）；

5.反证法（证明其逆否命题）。

在这一步如果是求解几何题目，我建议同学们把图形画出来，并且在对应的位置标注上已知量和未知量。

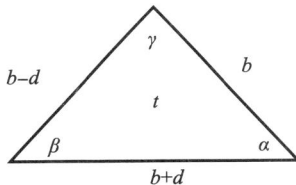

通过观察图形，让孩子在草稿纸上列出所有他能想到的已知量（d、t）及未知量（a、b、c、α、β、γ）的直接与间接联系：

· （题目已知）a、b、c可以改写成：$b-d$、b、$b+d$。

· （自然约束）α、β、γ、t、$d>0$。

· （三角形的角度之和）$\alpha+\beta+\gamma=180°$。

· （正弦定理）$\dfrac{b-d}{\sin\alpha}=\dfrac{b}{\sin\beta}=\dfrac{b+d}{\sin\gamma}$。

· （余弦定理）$b^2=(b-d)^2+(b+d)^2-2(b-d)(b+d)\cos\beta$。

· （面积公式）$t=\dfrac{(b-d)b\sin\gamma}{2}=\dfrac{(b-d)(b+d)\sin\beta}{2}$。

· （海伦公式）$t^2=s(s-b+d)(s-b)(s-b-d)$，其中 $s=\dfrac{(b-d)+b+(b+d)}{2}=\dfrac{3b}{2}$ 是三角形的半周长。

· （极限情况）若$d=0$，则$t=\sqrt{\dfrac{3}{4}b^2}$。

基本上这道题目做到第四步，答案就出来了：第一步，通过海伦公式计算得到b。第二步，通过余弦定理计算得到b与β的关系，再利用第一步得到的b计算得到β。第三步，$a=b-d$，$c=b+d$。第四步，使用余弦定理得到a与α的关系、c与γ的关系，进而可以利用第三步得到的a与c得到α和γ。具体计算时可以列出下面这个等式：

因为：$t^2=s(s-b+d)(s-b)(s-b-d)=\dfrac{3b}{2}\left(\dfrac{3b}{2}-b+d\right)\left(\dfrac{3b}{2}-b\right)\left(\dfrac{3b}{2}-b-d\right)$

所以：$b=\sqrt{2d^2+\sqrt{4d^4+\dfrac{16}{3}t^2}}$

这是一道高中奥数题，大多数高中生看到这个题目之后就蒙了，完全不知道该如何解题。很多孩子数学学得不好往往就是因为找不到解题思路。一到考试，他们花了太多时间盯着题目去想思路，却没有动手去拆解其已知量和未知量。在上述四个步骤中，第四步——探索已知量与未知量如何发生联系是最关键的，这一步需要孩子在日常学习过程中不断地训练，对常见题型的直接和间接联系进行分类整理和储备，以便到了考场可以快速找到解题思路。很多家长会问我孩子日常应该如何提升数学能力，很多时候他们会觉得不知道从何处下手。相信通过本节的分享，大家能够理解数学题目的语言以及核心就是未知量、已知量和未知量与已知量如何发生联系。所以，孩子在日常学习中需要重点积累不同题型和与其对应的联系。

比如，我们在帮初中的学员学会总结数学解题思路时，会要求他们把一个学期做过的所有题目按照未知量进行分类，并主动归纳总结对应的题型有哪些解题思路。就像很多孩子跟我说的那样："学长，整理完我才发现原来证明两条线段相等就有13种解题思路！"这些解题思路就是已知量与未知量发生联系的13种方式。试想一下，如果一个孩子在考试前就整理好了这13种思路，那么他上了考场不就可以更快地解题了吗？而大多数同学却需要到了考场才开始思考解题思路。这两者在解题思路和解题准确率上一定是天差地别的。

为了方便父母们帮助孩子在日常训练数学探索法，我画了一个示意图，大家可以让孩子在平常做数学题时按照这几步去拆解题目。

是哪种题型？
"证明……"或者"推算……"的题目
"求一个……的值"或者"求所有……的值"的题目
"是否存在……"的题目

已知量有哪些？ 注意符号化表述

未知量有哪些？ 注意符号化表述

已知量与未知量如何发生联系？
题目直接给出的条件
课本上学过的公式、定理
自然约束条件
极限情况（最大、最小等）
反证法（证明其逆否命题）
类比类似情况

解题思路

不同分数段学生学习数学的重点是什么？

不同分数段的学生提升数学成绩的思路是不同的。很多父母可能没有意识到，学校老师在课堂上会基于班级中游水平的学生进行课程安排。所以对那些成绩很好和成绩很差的同学而言，只是跟着课堂的进度是没有办法最高效地提升自己的。根据不同学生的分数段（以百分制为基准），我建议采取以下不同的提升思路：

1.不及格

不及格的同学一定是基础出了问题。如果你处于这个阶段，可以让同桌抽查你几个公式，如果你背得磕磕巴巴、丢三落四，那就说明你对课本内容还不够熟悉。单一的知识点都记不住，就别提系统梳理和综合运用了。因此，这个分数段同学的复习重点是基础知识的梳理总结和背诵记忆。

这部分同学的主线任务是：看课本—整理知识点—背公式—做课后练习题辅助学习。

千万不要急于求成，上来就想着刷题，在这个阶段，把基本的知识框架搭建好，掌握考试必考的题型和解题方法才是最重要的，否则无论做多少题目，提分效果都不会太好。在整理和记忆公式的时候，可以锻炼自己的归纳能力。公式并不是零散混乱的，也可以有模板，有个隐形的"收纳盒"，可以分门别类去记，比如集合涉及的所有公式、函数涉及的所有公式、数列的规律、几何的定理等。

2.60～80分

这个分数段的同学，对知识点的掌握是比较全面的，但是没有把零散的知识串联成体系，如果题目涉及多个知识点的综合运用，就容易失分。

所以这时候分数就会有点飘忽不定，运气好一点，碰到会的了，分数就高些，碰到不会的就低些，对题型、考点等没有明确的概念，缺少思考和总结，不会举一反三。因此，这个分数段同学的复习重点是归纳题型、摸索技巧、整理答题"套路"，锻炼自己从标准答案和出题人的角度来答题的能力。

这部分同学的主线任务是：搭建知识框架—刷题练习—总结答题模板。

复习时可以把每道数学大题作为独立的板块，总结每道大题常考的几种题型，再专项突破运算方法、图形处理方法等，只要把这些都归纳到位，总结出框架"套路"，即使是大题，很多也是可以轻松应对的。

3.80分以上

这个分数段的同学，应对基础和中档部分的题已经没什么问题了，剩下的就是要把压轴的难题搞定，另外要更加注意细节。将所有问题都处理妥当，才能无懈可击。

几何空间想象力差怎么办？

孩子几何空间想象力差也是很多家长非常头疼的问题。很多孩子开始学习几何，尤其是立体几何之后，成绩就一落千丈。很多孩子会跟我抱怨，说根本没办法在脑子里想象出图形的样子。孩子的空间想象力差是一种普遍现象，因为人类大脑天生就不擅长想象几何体。想要提升孩子的几何想象力，最简单直接的方式就是教会孩子画图。比如，孩子在刚开始学习立体几何时没办法想象出长方体的样子，那么在草稿纸上画出一个长方体就能帮助大脑理解和思考。

我相信很多数学老师都强调过做题的过程中画图的重要性，但他们的强调很多都只局限在几何题的画图上。我希望通过本节分享的内容，帮助更多孩子学会以图像化的思路去理解数学题，从而提升包括空间想象力在内的数学思维能力。数学题中常见的画图方式有以下几种：

1.平面图

对题目中条件比较抽象、不易直接根据所学知识写出答案的问题，可以借助画出平面图进行思考解题。举个例子：

题目：有两个自然数A和B，如果A增加12，B不变，积就增加72；如果A不变，B增加12，积就增加120，求原来两数的积。

题目分析：对这个题目，用二次函数解题可以得到答案，但我们也可以换一种思路。因为题目求的是A和B的乘积，所以我们可以把这道题理解成在计算一个长方形的面积。A是长方形的长，B是长方形的宽。图（1）代表的是A和B原来的乘积，也就是这个长方形的面积；图（2）代表的是A增加12，B不变之后的长方形，面积比之前增加了72；图（3）代表的是A不变，B增加12的情况，面积增加了120。

求解：根据条件把A增加12，则长延长12，B不变即宽不变，如图（2）；同样A不变即长不变，B增加12，则宽延长12，如图（3）。从图中不难找出：原长方形的长（A）是$120 \div 12 = 10$，原长方形的宽（B）是$72 \div 12 = 6$，则两数的积为$10 \times 6 = 60$。

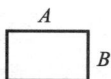

图（1）

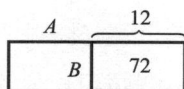

图（2）

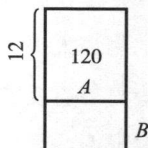

图（3）

2.立体图

对一些求积题，结合题目的内容画出立体图，可以使题目的内容更直观、形象，有利于思考解题。对立体图，我们首先需要记住常见立体图的几何图形，其次需要记住立体图的展开图。

常见立体图形展开图（牢记）

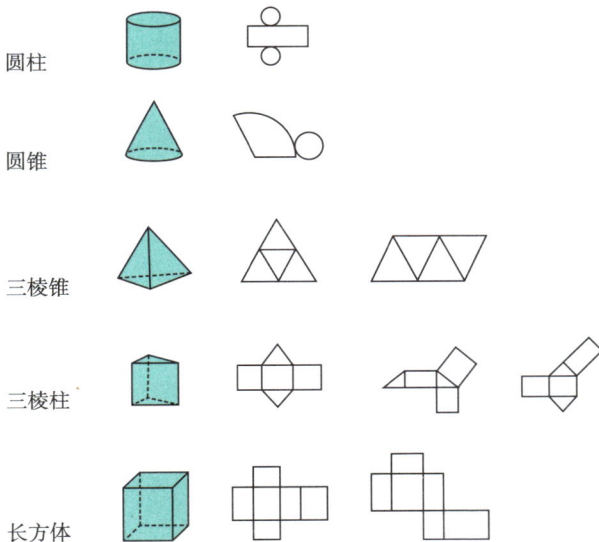

圆柱		

三棱锥

三棱柱

长方体

3.分析图

对一些应用题，为了能正确审题和分析题目中的数量关系，可以把题目中的条件、问题的相互关系用分析图表示出来。

题目：新华中学买来8张桌子和几把椅子，共花了817.6元。每张桌子78.5元，比每把椅子贵62.7元。此次买来椅子多少把？

题目分析：对这种比较绕的分析题，我们可以从题目需要求解的未知量入手进行画图拆解。问的是买来椅子多少把，则椅子的数量=椅子总价÷

椅子单价。椅子总价=桌椅总价-桌子总价。这样就能画出下面的分析图，让复杂的题目更加清晰明了，也不容易计算错。

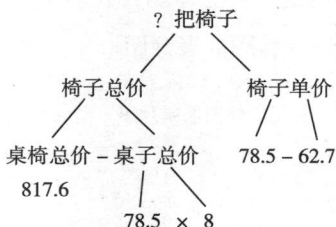

求解：（1）买椅子共花了多少钱？817.6-78.5×8=189.6（元）

（2）每把椅子多少钱？78.5-62.7=15.8（元）

（3）此次买来椅子多少把？189.6÷15.8=12（把）

综合算式为：（817.6-78.5×8）÷（78.5-62.7）=189.6÷15.8=12（把）

答：此次买来椅子12把。

4.线段图

对一些应用题，为了能正确审题和分析题目中的数量关系，可以把题目中的条件、问题的相互关系用线段图表示出来。

题目：甲乙两人同时从相距88千米的两地相向而行，8小时后在距中点4千米处相遇。甲比乙速度快，甲、乙每小时各行多少千米？

题目分析：对这种距离题，关键是要把线段图画出来，通过线段标明时间、距离和运动方向。

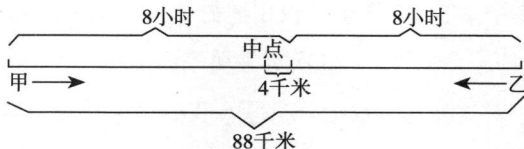

求解：从图中可以清楚看出甲、乙8小时各行的距离，甲行全程的一半又多出4千米，乙行全程的一半少了4千米，这样就可以求出甲、乙的速度了。

甲的速度：（88÷2+4）÷8=6（千米/时）

乙的速度：（88÷2-4）÷8=5（千米/时）

第十一章
提高孩子的阅读能力

阅读理解能力是最重要的

我问过很多学员家长："你觉得在所有学习能力里面,哪种学习能力是最重要的?"很多家长认为是计算能力、外语能力、专注能力等。但我会跟家长们强调一个新趋势的变化——阅读能力已经成为义务教育阶段学生最重要的学习能力了。

我之所以会做出这种判断,首先是因为阅读能力是所有学科,包括数、理、化等理科学科学习的底层能力。我们通过观察和研究发现,很多孩子数学学得不好居然是因为阅读能力欠佳。

其次是因为2022年义务教育课程方案(后称新课标)改革之后,语文几乎成为唯一的主科。2022年9月开始实施新课标,语文科目的地位得到进一步巩固和加强,"大语文时代"真的来了。数学紧跟其后,体育、科学地位几乎一致,外语位居第六名。所以我有必要在本章的第一节,跟大家拆解一下新课标改革对所有孩子的学习规划的影响。

新课标对语文有哪些调整？

1.课时占比显著提升

语文课时占比提升至20%~22%，相比传统的另外两门主科课时占比（数学为13%~15%，外语为6%~8%）而言，语文科目在课程设置中的地位更加重要，新课标强化并肯定了语文作为第一主科的地位，大语文时代正式确立。原本所谓三大主科的格局发生了本质变化，英语的重要性几乎是腰斩性地降低。下图是新课标文件中的各科目安排及占九年总课时比例。

各科目安排及占九年总课时比例

	年级									九年总课时（比例）
	一	二	三	四	五	六	七	八	九	
国家课程				道德与法治						6%~8%
				语文						20%~22%
				数学						13%~15%
				外语						6%~8%
							历史、地理			3%~4%
			科学				物理、化学、生物学（或科学）			8%~10%
				信息科技						1%~3%
				体育与健康						10%~11%
				艺术						9%~11%
				劳动						14%~18%
			综合实践活动							
地方课程	由省级教育行政部门规划设置									
校本课程	由学校按规定设置									
周课时	26	26	30	30	30	30	34	34	34	
新授课总课时	910	910	1050	1050	1050	1050	1190	1190	1122	9522

注：本表出自《义务教育课程方案（2022年版）》。

2.核心素养时代正式开启

新课标规定语文教学需要立足学生核心素养发展，充分发挥语文课程育人功能，注重培养文化自信、语言运用、思维能力和审美创造。同时，规定了语文学习的四个板块：识字与写字、阅读与鉴赏、表达与交流、梳理与探究。新课标还划分了语文学习的三大任务群：

（1）基础型学习任务群，任务是"语言文字积累与梳理"；

（2）发展型学习任务群，任务是"实用性阅读与交流""文学阅读与创意表达""思辨性阅读与表达"；

（3）拓展型学习任务群，任务是"整本书阅读"和"跨学科学习"。

基于新课标的规定，我们认为孩子现在的语文学习被划分成了三个层次。

第一个层次：语言文字积累与梳理。新课标要求孩子的识字量必须达标。关于识字与写字的问题，在三、四年级提到了"初步感受汉字的文化内涵"，五、六年级提到了"体会汉字蕴含的智慧"。

新课标语文识字量与写字量		
年级	识字量（个）	写字量（个）
一、二	1600	800
三、四	2500	1600
五、六	3000	2500

注：本表参考《义务教育语文课程标准（2022年版）》制作。

第二个层次：阅读和表达。相比于之前的课程标准，新课标将每学段的"阅读"改为"阅读与鉴赏"，将"写作""口语交际"合并为"表达与交流"，将"综合性学习"改为"梳理与探究"。虽然只是几个字的变化，却为孩子的语文学习指出了更加深刻的方向变化。新课标更加强调孩子在语文学习过程中的鉴赏、表达以及探索能力。本次新课标提出了"整本书阅读"，即坚持读完整本书，并能复述大意，同时能分享给同学，与他人交流讨论。而且阅读范围随着年龄增长越发宽泛。所以，孩子的阅读能力还停留在"看得懂"的层面已经不够了，还需要能够理解文字的美并且能够分享给他人。

阅读与鉴赏					
年级	阅读量	背诵量	阅读方式	语言积累	阅读题材及要求
一、二	不少于5万字	50篇（段）	1. 朗读课文，学习默读 2. 借助读物中的图画阅读	成语、格言警句	阅读浅近的童话、寓言、故事等
三、四	不少于40万字	50篇（段）	1. 朗读课文，初步学会默读，学习略读，学习圈点、批注等阅读方法 2. 复述作品大意，与他人讨论交流	1. 课文中的优美词语、精彩句段 2. 读书看报，收藏图书资料	阅读整本书，初步了解大意
五、六	不少于100万字	60篇（段）	1. 默读每分钟不少于300字 2. 学习浏览，扩大知识面	扩展阅读面	阅读整本书，把握文本主要内容

注：本表参考《义务教育语文课程标准（2022年版）》制作。

第三个层次：育人为本。提高学生的整体认知能力、思维能力，丰富其精神世界，让学生在阅读与思考中形成正确的价值观，明白自己要成为什么样的人，明确自己的奋斗目标，并成为勇于追求梦想的人。所以，我们在2022年9月就开始跟学员强调，语文想靠死记硬背、大量刷题来获得高分是走不通的。

其中，第一、二层次的积累是语文学习的底层逻辑，没有稳固的底层基础，就无法盖好"摩天大楼"。

基于新课标的课程改革，孩子的语文课本学习内容也发生了变化，其中最明显的就是古文学习所占比例和难度逐渐提升。小学生要学的古诗文比改版前大大增加，这表明语文越来越注重对传统文化的考核。所以，孩子阅读能力的提升需要更重视古文阅读能力的提升。而对传统文化、诗歌、小古文的阅读能力的提升需要从阅读和翻译两方面入手。不过家长们也不需要过于担心，后续章节我会分享如何有针对性地提升孩子的阅读能力。下面是新课标推荐的小学和初中阶段需要储备的古诗词：

一～六年级（75篇）

1	江南（江南可采莲）	汉乐府
2	长歌行（青青园中葵）	汉乐府
3	敕勒歌（敕勒川）	北朝民歌
4	咏鹅（鹅鹅鹅）	骆宾王
5	风（解落三秋叶）	李峤
6	咏柳（碧玉妆成一树高）	贺知章
7	回乡偶书（少小离家老大回）	贺知章
8	凉州词（黄河远上白云间）	王之涣
9	登鹳雀楼（白日依山尽）	王之涣
10	春晓（春眠不觉晓）	孟浩然
11	凉州词（葡萄美酒夜光杯）	王翰

12　出塞（秦时明月汉时关）　　　　　　　　　　王昌龄

13　芙蓉楼送辛渐（寒雨连江夜入吴）　　　　　　王昌龄

14　鹿柴（空山不见人）　　　　　　　　　　　　王　维

15　送元二使安西（渭城朝雨浥轻尘）　　　　　　王　维

16　九月九日忆山东兄弟（独在异乡为异客）　　　王　维

17　静夜思（床前明月光）　　　　　　　　　　　李　白

18　古朗月行（小时不识月）　　　　　　　　　　李　白

19　望庐山瀑布（日照香炉生紫烟）　　　　　　　李　白

20　赠汪伦（李白乘舟将欲行）　　　　　　　　　李　白

21　黄鹤楼送孟浩然之广陵（故人西辞黄鹤楼）　　李　白

22　早发白帝城（朝辞白帝彩云间）　　　　　　　李　白

23　望天门山（天门中断楚江开）　　　　　　　　李　白

24　别董大（千里黄云白日曛）　　　　　　　　　高　适

25　绝句（两个黄鹂鸣翠柳）　　　　　　　　　　杜　甫

26　春夜喜雨（好雨知时节）　　　　　　　　　　杜　甫

27　绝句（迟日江山丽）　　　　　　　　　　　　杜　甫

28　江畔独步寻花（黄师塔前江水东）　　　　　　杜　甫

29　枫桥夜泊（月落乌啼霜满天）　　　　　　　　张　继

30　滁州西涧（独怜幽草涧边生）　　　　　　　　韦应物

31　渔歌子（西塞山前白鹭飞）　　　　　　　　　张志和

32　塞下曲（月黑雁飞高）　　　　　　　　　　　卢　纶

33　游子吟（慈母手中线）　　　　　　　　　　　孟　郊

34　早春呈水部张十八员外（天街小雨润如酥）　　韩　愈

35　望洞庭（湖光秋月两相和）　　　　　　　　　刘禹锡

36　浪淘沙（九曲黄河万里沙）　　　　　　　　　刘禹锡

37	赋得古原草送别（离离原上草）	白居易
38	池上（小娃撑小艇）	白居易
39	忆江南（江南好）	白居易
40	小儿垂钓（蓬头稚子学垂纶）	胡令能
41	悯农（锄禾日当午）	李绅
42	悯农（春种一粒粟）	李绅
43	江雪（千山鸟飞绝）	柳宗元
44	寻隐者不遇（松下问童子）	贾岛
45	山行（远上寒山石径斜）	杜牧
46	清明（清明时节雨纷纷）	杜牧
47	江南春（千里莺啼绿映红）	杜牧
48	蜂（不论平地与山尖）	罗隐
49	江上渔者（江上往来人）	范仲淹
50	元日（爆竹声中一岁除）	王安石
51	泊船瓜洲（京口瓜洲一水间）	王安石
52	书湖阴先生壁（茅檐长扫净无苔）	王安石
53	六月二十七日望湖楼醉书（黑云翻墨未遮山）	苏轼
54	饮湖上初晴后雨（水光潋滟晴方好）	苏轼
55	惠崇春江晚景（竹外桃花三两枝）	苏轼
56	题西林壁（横看成岭侧成峰）	苏轼
57	夏日绝句（生当作人杰）	李清照
58	三衢道中（梅子黄时日日晴）	曾几
59	示儿（死去元知万事空）	陆游
60	秋夜将晓出篱门迎凉有感（三万里河东入海）	陆游
61	四时田园杂兴（昼出耘田夜绩麻）	范成大

62　四时田园杂兴（梅子金黄杏子肥）　　　　　　　　范成大

63　小池（泉眼无声惜细流）　　　　　　　　　　　　杨万里

64　晓出净慈寺送林子方（毕竟西湖六月中）　　　　　杨万里

65　春日（胜日寻芳泗水滨）　　　　　　　　　　　　朱　熹

66　观书有感（半亩方塘一鉴开）　　　　　　　　　　朱　熹

67　题临安邸（山外青山楼外楼）　　　　　　　　　　林　升

68　游园不值（应怜屐齿印苍苔）　　　　　　　　　　叶绍翁

69　乡村四月（绿遍山原白满川）　　　　　　　　　　翁　卷

70　墨梅（我家洗砚池头树）　　　　　　　　　　　　王　冕

71　石灰吟（千锤万凿出深山）　　　　　　　　　　　于　谦

72　竹石（咬定青山不放松）　　　　　　　　　　　　郑　燮

73　所见（牧童骑黄牛）　　　　　　　　　　　　　　袁　枚

74　己亥杂诗（九州生气恃风雷）　　　　　　　　　　龚自珍

75　村居（草长莺飞二月天）　　　　　　　　　　　　高　鼎

七～九年级（60篇/段）

1　关雎（关关雎鸠）　　　　　　　　　　　　　　　《诗经》

2　蒹葭（蒹葭苍苍）　　　　　　　　　　　　　　　《诗经》

3　十五从军征（十五从军征）　　　　　　　　　　　汉乐府

4　观沧海（东临碣石）　　　　　　　　　　　　　　曹　操

5　饮酒（结庐在人境）　　　　　　　　　　　　　　陶　潜

6　木兰辞（唧唧复唧唧）　　　　　　　　　　　　　北朝民歌

7　送杜少府之任蜀州（城阙辅三秦）　　　　　　　　王　勃

8　登幽州台歌（前不见古人）　　　　　　　　　　　陈子昂

9　次北固山下（客路青山外）　　　　　　　　　　　王　湾

10　使至塞上（单车欲问边）　　　　　　　　　　王　维

11　闻王昌龄左迁龙标遥有此寄（杨花落尽子规啼）　李　白

12　行路难（金樽清酒斗十千）　　　　　　　　　　李　白

13　黄鹤楼（昔人已乘黄鹤去）　　　　　　　　　　崔　颢

14　望岳（岱宗夫如何）　　　　　　　　　　　　　杜　甫

15　春望（国破山河在）　　　　　　　　　　　　　杜　甫

16　茅屋为秋风所破歌（八月秋高风怒号）　　　　　杜　甫

17　白雪歌送武判官归京（北风卷地白草折）　　　　岑　参

18　酬乐天扬州初逢席上见赠（巴山楚水凄凉地）　　刘禹锡

19　卖炭翁（卖炭翁）　　　　　　　　　　　　　　白居易

20　钱塘湖春行（孤山寺北贾亭西）　　　　　　　　白居易

21　雁门太守行（黑云压城城欲摧）　　　　　　　　李　贺

22　赤壁（折戟沉沙铁未销）　　　　　　　　　　　杜　牧

23　泊秦淮（烟笼寒水月笼沙）　　　　　　　　　　杜　牧

24　夜雨寄北（君问归期未有期）　　　　　　　　　李商隐

25　无题（相见时难别亦难）　　　　　　　　　　　李商隐

26　相见欢（无言独上西楼）　　　　　　　　　　　李　煜

27　渔家傲（塞下秋来风景异）　　　　　　　　　　范仲淹

28　浣溪沙（一曲新词酒一杯）　　　　　　　　　　晏　殊

29　登飞来峰（飞来山上千寻塔）　　　　　　　　　王安石

30　江城子（老夫聊发少年狂）　　　　　　　　　　苏　轼

31　水调歌头（明月几时有）　　　　　　　　　　　苏　轼

32　渔家傲（天接云涛连晓雾）　　　　　　　　　　李清照

33　游山西村（莫笑农家腊酒浑）　　　　　　　　　陆　游

34　南乡子（何处望神州）　　　　　　　　　　　　辛弃疾

35　破阵子（醉里挑灯看剑）　　　　　　　　　　辛弃疾

36　过零丁洋（辛苦遭逢起一经）　　　　　　　　文天祥

37　天净沙·秋思（枯藤老树昏鸦）　　　　　　　马致远

38　山坡羊·潼关怀古（峰峦如聚）　　　　　　　张养浩

39　己亥杂诗（浩荡离愁白日斜）　　　　　　　　龚自珍

40　满江红（小住京华）　　　　　　　　　　　　秋　瑾

41　《论语》十二章（学而时习之；吾日三省吾身；吾十有五而志于学；温故而知新；学而不思则罔；贤哉回也；知之者不如好之者；不义而富且贵；三人行；子在川上曰；三军不可夺帅也；博学而笃志）

42　曹刿论战　　　　　　　　　　　　　　　　　《左传》

43　《孟子》三则（鱼我所欲也；得道多助，失道寡助；天将降大任于是人也）

44　《庄子》一则（北冥有鱼……亦若是则已矣。）

45　《礼记》一则（虽有嘉肴）

46　《吕氏春秋》一则（伯牙鼓琴……世无足复为鼓琴者。）

47　邹忌讽齐王纳谏　　　　　　　　　　　　　　《战国策》

48　出师表　　　　　　　　　　　　　　　　　　诸葛亮

49　桃花源记　　　　　　　　　　　　　　　　　陶　潜

50　答谢中书书　　　　　　　　　　　　　　　　陶弘景

51　三　峡　　　　　　　　　　　　　　　　　　郦道元

52　杂说（四）　　　　　　　　　　　　　　　　韩　愈

53　陋室铭　　　　　　　　　　　　　　　　　　刘禹锡

54　小石潭记　　　　　　　　　　　　　　　　　柳宗元

55　岳阳楼记　　　　　　　　　　　　　　　　　范仲淹

56　醉翁亭记　　　　　　　　　　　　　　　　　欧阳修

57　爱莲说　　　　　　　　　　　　　　　　周敦颐

58　记承天寺夜游　　　　　　　　　　　　　苏　轼

59　送东阳马生序（余幼时即嗜学……况才之过于余者乎？）宋　濂

60　湖心亭看雪　　　　　　　　　　　　　　张　岱

如何培养孩子的阅读兴趣？

　　提高孩子阅读能力的第一步是培养孩子的阅读兴趣。在智能手机和电脑越来越普及的今天，很多孩子会沉迷于网络世界，失去对阅读的兴趣。阅读不仅是汲取知识的途径，更是将书本上的文字转化为大脑图像记忆的过程。阅读能力的本质是想象力的培养，如果孩子长期不看书不阅读，大脑的图像化能力和想象力会受到局限。

　　很多父母会跟我抱怨自己家孩子不喜欢看书，尤其是很多六七岁的孩子总是看手机和平板电脑。我们通过调研喜欢读书的孩子的家庭，发现阅读习惯的培养关键在于家庭阅读氛围。通常情况下，父母喜欢看书的家庭，孩子也更愿意看书。而很多父母自己下班之后喜欢拿着手机刷短视频或玩游戏，那么孩子也更倾向于模仿父母的行为。

　　常见的泯灭孩子阅读兴趣的家庭行为有两种。第一种是孩子在学习，父母在旁边玩手机。这种情况会给孩子传达一种观念："你跟妈妈一样，是个不爱阅读的人。"本书一直强调一个观点：父母就是孩子的一面镜子。要培养孩子的阅读兴趣，父母本身也需要在孩子面前表现出对阅读的兴趣。第二种是父母强迫孩子阅读，把阅读当成一项必须完成的任务。对很多低年级的孩子来说，阅读本身就是一件有难度的事情。有位妈妈为了督促孩子看书，每天设定1小时的时间盯着孩子。我问这位妈妈："孩子在看书的时候，你在做什么呢？"这位妈妈说："孩子在看书，我就盯着孩子看，看他有没有认真看书。"当孩子把阅读当成一项任务时，他就不可能体会到阅读本身的快乐，更别说激发孩子的阅读兴趣了。为了培养孩子的阅读兴趣，我给大家三个建议。

1.家里一定要有藏书，给孩子配置自己的书架

这是很重要的一步，先让家里有足够多的书，再培养孩子的阅读兴趣。我读书时自己的卧室里就有一个书架，书架上全是我妈给我买的书，什么类型的书都有。

配置书架之后，父母可以通过限定孩子玩手机的时间来限制孩子接触互联网的时间，这样一来，孩子在无聊时就会主动去书架上找一些有趣的故事书来读。我建议父母不要限制孩子阅读图书的类型，无论是小说，还是诗歌和散文，只要孩子愿意打开一本书，就是他阅读兴趣培养的一小步。

2.形成家庭读书时间，阅读结束后互相交流阅读心得

我们学员里有一个孩子特别喜欢读书，当我请教他妈妈如何培养孩子的阅读兴趣时，她分享说："我们家每个周末晚上都会一起看书，看完书还会互相分享自己的阅读感受和体验。"我特别推崇"家庭共读日"这种培养孩子阅读兴趣的方式。这实际上是一种游戏化的教育方法，通过家庭阅读氛围，孩子能感受到读书不是一项学习任务，而是一种有趣的休闲方式。

3.保护孩子的阅读兴趣而不是破坏它，让孩子感受到阅读本身的乐趣和价值

阅读本身就是一件有趣的事，这个道理我在初中时就有了非常深刻的体会。当时我妈给我买了一本《汪国真诗集》，这本书就是我的现代诗歌启蒙书。还记得第一次看到汪国真的诗歌时，我惊叹原来有人可以通过这么简单的诗句表达出那么多朦胧的情感。于是我开始模仿诗集里的诗歌写诗，虽然现在看起来那些诗写得像是歌词一样，但这种行为让我感受到了阅读本身的快乐。喜欢阅读这件事情的本质就是让孩子体会到文字的美感，就如那些喜欢读书的人往往看到一个精彩的情节会拍案叫绝，看到伤感的诗句会潸然泪下一样。帮孩子体会到文字之美不是一蹴而就的，而是需要通过长期的阅读习惯来潜移默化地培养。

为了让我体会文字之美，我爸从我很小的时候就开始让我坚持晨读。每天早上拿出十几分钟的时间大声朗读文章，不需要去背诵或摘抄，只要大声朗读即可。这种方法就像古代私塾先生教孩子摇头晃脑地大声诵读"四书""五经"一样。大声朗读的过程可以感受到汉字的韵律感，久而久之，自然能体会到汉字的美妙。后来我总结出了晨读三步法，并在培养孩子阅读能力方面取得了很好的效果。

晨读三步法

第一步：多读课本

很多家长会问我孩子晨读读什么材料，我的建议是不需要买额外的材料，只要每天早上拿出10分钟从前到后朗读课本就好了。无论是课本里的散文还是古诗词，都可以大声朗读。道理也很简单，语文要想成绩好，必须抓课本。一位高考阅卷组组长曾经跟我说，语文50%的分数都在课本里。课本里文章的结构、修辞手法、写作技巧，放在试卷里就是一道一道的阅读理解题。所以孩子每天不用读太多，只需要从前到后选一篇课本里的文章，大声读3遍。坚持1个月，孩子的阅读水平就能有所提高。

第二步：读满分作文

如果孩子学有余力，晨读完课本也可以再留出5分钟读满分作文。我常常跟学员们说，作文写得好的关键是有足够多的积累。很多同学问，为什么一写作文脑子就空了，想说的话写出来干巴巴的？那是因为平常积累得太少了，语感水平不够。所以比起很多孩子每天花时间摘抄好词好句也记不住，通过晨读满分作文的方法却可以潜移默化地培养孩子的语感。提升作文水平最快的方法就是读满分作文，大声读，每篇建议读10遍以上，这样孩子才能不断地内化这些作文里的技巧和文笔。有了语感，自然就能下笔成章了。

第三步：多读古文

前一小节在分享新课标改革趋势时我强调过，传统文化和古诗文的占比会在之后的学习中越来越高，所以晨读还可以去读古诗词或文言文。中高考现在对古文的考查趋势很明确，以后对课外古文的考查比例会越来越高，纯靠死记硬背很难拿高分。尤其孩子们日常是没有古文使用的环境的，所以通过晨读古文可以保持足够的古文语感。

读古诗文有几个小技巧。首先，在读古诗文前建议先让孩子了解文章的作者和作者的生平事迹，这些内容有很多途径可以查到。其次，可以让孩子了解一下这篇古诗文产生的时代背景，这对理解一篇古诗文很重要。比如，在读杜甫的诗歌时，我们必须了解杜甫所处的时代正是唐朝由盛而衰的剧变时期，"安史之乱"后，唐朝繁华不再，孩子才能理解为什么杜甫几乎所有的诗文都那么忧国忧民。最后，孩子在读古诗文的过程中遇到的生僻字可以重点标注，在晨读之后总结到笔记本上，不断地积累古文的生僻字。

培养孩子深度阅读的能力

很多家长会有一个困惑："我们家孩子看书似乎也能看懂，但总感觉看得似是而非，一做题就找不到思路，问题出在了哪里？"其实阅读本身可以分成"浅阅读"和"深阅读"。很多孩子的阅读还只是停留在"看得懂"这个浅阅读的层面，所以阅读能力总是没办法提高。我们来给浅阅读和深阅读分别下一个定义。

浅阅读：满足的是感官上的、故事情节上的阅读，也就是我们常说的"看得懂"。

深阅读：指向的是学习能力，包括信息提取的能力、理解阐释的能力、整合概括的能力、拓展联结的能力，以及评价和鉴赏的能力。深阅读需要孩子不仅能看得懂，还能够把文章核心内容概括出来，甚至品鉴文章所用的修辞手法和主题。语文阅读题考查的就是孩子的深度阅读能力。

我们在分享新课标改革时就强调过，本次新课标的一个重要变化就是把"阅读"升级成了"阅读并表达"。这就要求孩子能够通过深阅读把一篇文章读懂并且读透，然后再把这篇文章讲给别人听。大多数语文学得不好的孩子，核心缺乏的就是深度阅读的能力。培养孩子深度阅读能力的关键是培养孩子好的阅读习惯，本节我会跟大家分享两种培养孩子深度阅读的方法——三步深度阅读法和4F输出式阅读法。

三步深度阅读法

第一步：带着问题去阅读

带着问题去阅读是深度阅读的第一步，也是关键的一步。对低年级的孩子，父母可以在孩子阅读前对孩子进行预测提问。比如，孩子准备看《小红帽》的故事，父母就可以问孩子："你觉得为什么这个故事的主角叫作小红帽？""你猜猜看小红帽会经历什么？"提问的方式一方面让孩子带着问题去阅读，阅读的过程就会像探案一样更有趣；另一方面也有助于孩子更好地提炼出文章的关键信息。高年级的孩子也可以在阅读一篇文章时主动问自己这些问题，并且在阅读的过程中始终带着问题去阅读。

预测提问：这个故事中会发生什么事情？为什么主人公叫这个名字？

第二步：阅读过程中要引发孩子的阅读思维

在孩子阅读的过程中使用理解提问来引发孩子的阅读思维。还是以《小红帽》为例，父母可以问孩子："你读到现在，小红帽都经历了什么？""你觉得小红帽是一个怎样的小孩子？"……这个过程其实就是让孩子主动梳理看过的故事情节，把握故事发展的脉络。

很多父母跟我说，在初次对孩子进行阅读提问的时候，孩子基本都是茫然的，需要重新打开书才能回答父母的问题。这就是因为很多孩子还处在浅阅读阶段，故事是看了，但没有提炼过故事的发展情节，也就回答不出来。这种提问往往要进行3次以上，孩子才会建立起在阅读过程中主动提炼信息的意识。一旦有了这种意识，孩子的深度阅读能力就萌芽成长了。

理解提问：这是一个什么故事？主人公是谁？他经历了什么？情节是

怎么发展的？主题需要怎样理解？对人物和事件有怎样的评价？

第三步：读后整合概括书中内容，感受作品中的情绪

当孩子看完一本书之后，一定要及时让孩子学会概括看过的文本的主题，感受文本中的情绪。我们可以采用整合提问和评价提问的方式。整合提问是对文章内容进行概括和启发式的提问。比如，孩子看完《小红帽》后，你可以问孩子："你从小红帽的身上学到了什么品质？""你觉得整本书最有趣的一个情节是什么？"评价提问就是让孩子去评价文章或者文章中的人物，如"你喜欢小红帽这个人吗？为什么喜欢（不喜欢）呢？""你觉得小红帽这个故事是一个有趣的故事吗？有趣在哪里呢？"

整合提问：你学到了什么？你觉得什么地方最有意思？

评价提问：你喜欢主人公吗？你觉得这个故事有趣吗？

阅读阶段	提问方式	示例
读前	预测提问	你猜故事会怎么发展？主人公为什么叫×××？
读中	信息提取	谁，在什么地方，发生了什么事？
	理解提问	这是一个什么故事？主人公是谁？他经历了什么？
	应用提问	如果是你，你会怎么做？
读后	整合提问	你学到了什么？你觉得什么地方最有意思？
	评价提问	你喜欢主人公吗？你觉得这个故事有趣吗？

4F输出式阅读法

输出式阅读法的核心思路和前面的三步深度阅读法思路相似，但它更适用于五年级及以上的孩子。很多孩子到了高年级后会拒绝跟父母一起读书，这时父母只需要让孩子自行完成输出阅读过程即可，不需要像之前那

样不断地提问。而且对五年级之后的孩子，父母应该有意识地训练他的输出式阅读能力。所谓"输出式阅读"，就是在读完一本书之后能够输出自己的想法和感受，甚至仿写。

第一步：4F目的阅读

在阅读每一本书之前，都提前列下4个F，让孩子在阅读完成后可以回答这几个问题：

Fact（事实）：这本书告诉我什么事情？

Feeling（感觉）：我对书中这件事或这个人物有什么感觉？

Finding（发现）：我对书中事件有怎样的分析与看法？

Future（未来）：如果以后我遇到书中的问题，我会如何做？

无论是阅读课本上的文章还是课外书，都可以使用4F阅读法，带着目的和问题去读。可以在一张空白的纸上写下这些问题，在阅读过程中或者阅读结束后将答案写下来。我建议家长们让孩子养成读书先读目录的习惯。很多孩子读书不喜欢看目录，但目录其实是最好的概括性了解文章内容的方式之一。

Fact	这本书告诉我的事情	
Feeling	我对书中这件事或这个人物的感觉	
Finding	我对书中事件的分析与看法	
Future	如果以后我遇到书中的问题，我会如何做	

第二步：学会速读

很多孩子到了高年级后，阅读能力差还有一个关键原因就是阅读速度慢。孩子阅读速度慢的核心原因是不会跳读。不少孩子到了五六年级读书的时候还需要一个字一个字地用手指着看，甚至经常需要多次回头重复读才能读懂某句话。提高孩子阅读速度的关键是训练孩子的跳读能力。下面是一张阅读速度水平的对照表，可以对照一下自己家孩子目前的阅读水平处在哪个阶段。一个五年级以上的孩子，其阅读速度基本需要达到平均水平。

阅读速度对照表		
阅读水平	阅读速度（字/分钟）	理解能力
差	10～100	30%～50%
平均	200～240	50%～70%
专业文化人	400	70%～80%
百里挑一	800～1000	80%以上
千里挑一	1000以上	80%以上

跳读是一种需要训练之后才具备的能力。很多阅读能力强的同学阅读时是不会一个字一个字地看的，而是一组文字一组文字地阅读。据研究，人类在阅读时眼球是跳跃前进的，只有在眼球停顿时，才能够摄入信息。这个停顿的地方，就被称为凝视点。每次停顿你看到的文字数，就被称为组块。

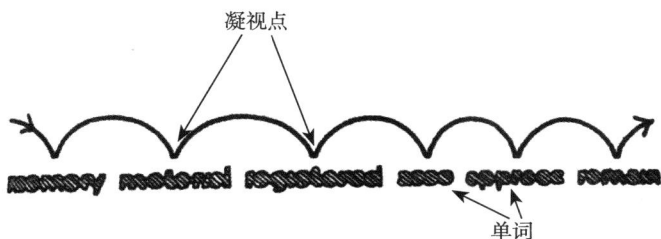

凝视点

单词

　　提高孩子的阅读速度的核心是增加单次阅读过程中组块所包含文字的数量。阅读能力最差的情况是一个字一个字地看，焦点集中在单个文字上。随着阅读能力的提升，凝视点就从单个文字变成了词组。比较好的阅读者在阅读时往往可以看完整个短句。更高级的阅读者在阅读时不会只是看某一段话，而是会把一页文字中的多段话同时分块摄入，从而达到一目十行的效果。所以在训练孩子的阅读速度时，需要基于孩子现在的阅读水平向着下一个层次升级。

　　提升阅读组块文字数的过程是一个长期的过程，很多初学者需要几个月的时间才能看到效果。我的建议是让孩子去读一些自己感兴趣的书来训练。比如，有的孩子很喜欢看悬疑小说，那就让孩子在读悬疑小说时试着从一个字一个字地看变成一组词一组词地看。刚开始改变时会出现读不懂和费劲的感觉，但尝试一段时间之后阅读速度就会提高。

　　提高阅读速度还需要避免回读。很多同学阅读慢就是会反复回读一句话，这个习惯一定要改。我的建议是如果孩子现在回读的现象很频繁，那就让孩子坚持把整句话先读完。如果这句话没看懂，也要等到这句话读完之后再从头读一遍。读书时最忌讳不断地回读一句话，这样会大幅降低阅读速度。另外，初学者读书不要跳读，最好按照从左到右的顺序读，不要跳过任何一个部分的内容。

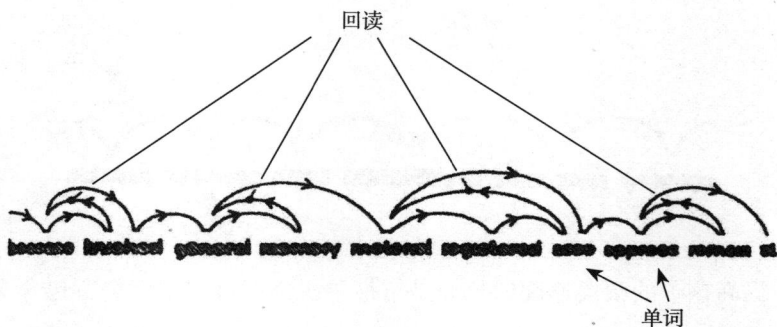

回读

单词

第三步：学会输出

我在第八章讲解记忆过程时提到过，人类大脑的学习过程是由输入和输出两个过程组成的。阅读过程也是如此，主动输出可以达到阅读的最大效果。我们在阅读时都会有一种体验，读过的书过几天就会忘掉。但如果是带着问题去读一本书，甚至把书里学到的内容主动进行输出运用，那么记忆效果就会好很多。就像我前文提到的我学生时代读《汪国真诗集》的过程一样，当我开始模仿汪国真的笔法去写诗时，我对诗歌本身的理解加深了，也能把看到的东西更好地融合成自己的东西。我推荐以下四种输出方式：

1.输出4F阅读表格。在完成阅读之后，把4F阅读表格填充完整。

2.把看的书跟同学、爸妈分享。可以让孩子主动跟父母或者好朋友分享自己看了什么书，有什么有趣的章节。

3.写读书笔记，写下自己的感悟。往往阅读能力强的孩子都很喜欢写读书笔记。读书笔记不需要像老师布置的读后感那样写成一篇作文，只需要记录一些自己零星的想法和感悟。

4.模仿诗歌、小说进行创作（用到最近一次作业里）。可以模仿着去改写读过的书或看过的文章，并运用到最近一次语文作文里。

培养孩子阅读理解的思维

孩子到了高年级就会遇到语文阅读理解这个令人头疼的难题。阅读理解的难点往往不是阅读，而是理解。在讲解提高孩子数学抽象能力时，我说数学是有自己的语言体系的，语文的阅读理解同样如此，它需要孩子学习语文思维方式。语文阅读理解题的核心思维可分为三种：发散思维、审美思维和共情思维。几乎所有的阅读理解题目都可以从这三个思维角度进行延伸。

发散思维

发散思维是指基于所看到的文字，能够从中洞察作者内心的想法，或者说是阅卷老师看到文字后的联想和感悟。通过发散思维，我们能够找出得分要点。发散思维由角度和分析构成，常见的角度有人物、情节、环境、主题等。在阅读一篇文章时，我们首先需要明确每个问题需要分析的角度，只有角度回答得全面了，才能拿到满分。其次，需要根据角度和文章内容进行相关分析。

比如，在现代文阅读中，经常会遇到一类问题："某个情节有什么作用呢？"对这种问题，常见的错误做法是背模板。有些老师可能会让孩子背下一个模板，考试时就用这个模板去套。这种方法的问题在于，一方面不利于孩子真的理解这篇文章，另一方面也会留下过多套用模板的痕迹。那么，正确的做法是什么呢？是进行有效的发散思维。当问及某个句子的作用时，你需要站在作者的角度进行反向思考。假设我是作者，我能不能把这个情节删了？删了有什么坏处吗？

你想想，如果删了这个情节，往前看，我前面写的内容可能就白铺垫了；往后看，我想表达的内容也可能无法顺利呈现。而且，我写这个故事，本来就是想塑造这个人物的性格，让他表达我的想法。如果删了，我就没法更好地展现人物的性格和塑造该性格的环境了，那我怎么能表达我的想法（主题）呢？这样，四个要点就出来了：

1. 情节：呼应前文/为后文做铺垫。
2. 人物：塑造了×××的性格。
3. 环境：体现了×××的环境。
4. 主题：表现了×××的主题。

为什么小说情节分析题常常包括人物和主题这两个角度？因为通过人物在特定环境中的行为，作者可以表达对某些问题的看法和态度。作者通过描写人物的外部行为来反映其内心世界，再进一步通过人物的内心世界来表达整个社会的共识和观念。所以，在日常语文学习中，孩子们所要提升的是对文章写作角度和情节分析的理解能力，而不是死记硬背答题模板。孩子们通过不断训练发散思维，才能准确回答考试的要点。

要训练发散思维，有两种方式。一种是在阅读时主动思考：这段文字到底想表达什么？有什么深层含义吗？在文章中起到了什么作用？它好在哪里？我能不能学着写一写？通过这样的思考，自己的理解能力和语言组织能力就会逐渐提升。另一种是在做阅读理解题时，对照答案和文章，总结出题人对文章发散要点的考查方式。

审美思维

审美思维要求的是孩子能够通过把握文字的画面感，不断提升自己的文字想象力和审美能力。很多孩子在学习古诗时感觉晦涩难懂，不仅无聊，还需要死记硬背。很多父母在孩子很小的时候就会让孩子背诵古诗，但极少有孩子能够理解古诗本身的美感。问题出在哪里？其实是因为孩子缺乏对每首古诗产生的背景和相关环境的共情能力。比如"落霞与孤鹜齐飞，秋水共长天一色"，有的孩子读完后完全不知道它在说什么，但有的孩子就能在脑海中想象出一片落霞之下孤独的鸟飞过的画面。能否想象出画面就是审美思维的本质差异。

为什么同样的文字，有人能感受到美呢？能够感受到文字美感的人，可以在脑海中形成画面。作家之所以能写出生动、流畅，具有画面感的文字，是因为他们的大脑里已经有了图画，他们只需用文字将画面进行个性化的组合和联想。

培养孩子的文字画面感具体该怎么做？我的建议是帮助孩子学会寓情于景，即将枯燥的文字和诗词与具体的场景结合起来。比如，当孩子看到落日红霞的时候，可以联想到"落霞与孤鹜齐飞，秋水共长天一色"，或者联想到"余霞散成绮，澄江静如练"。有的父母可能会说很多诗句找不到那么多可以联想的景物，但实际上我们家里的每个角落都可以帮助孩子进行画面感的联想。比如，在窗户上贴上"举头望明月，低头思故乡"，那么孩子在看到夜晚的月亮时就会共情。我们还可以在水龙头旁贴上"飞流直下三千尺，疑是银河落九天"，孩子也会感受到水流直奔而下的场景。

共情思维

审美思维再往上发展就是共情思维的产生。我采访过一些阅读广泛的人士，他们表示阅读就像是穿越时空与作者进行一场对话。比如，现在我们再读李白的诗句，虽然已经过去了上千年，但仍能感受到李白的放荡不羁，感受到盛唐时万国来朝的盛况。这正是人类天生具备的共情力——感受他人情绪的能力。传世的文章和诗句就是承载这种情绪的最佳媒介。作品中的情感是代代相传的人类共同情感，具有普遍性而非特殊性。

人类的三大情感是爱情、亲情和友情。古今中外，无数的文学作品都一次又一次地歌颂和记录着这三大情感，让后代读者一次次为之动容。我强烈推荐父母们带着孩子一起观看电影《霸王别姬》，这部电影让我们感受到在时代变迁的浪潮下个人的挣扎和无奈。共情力是人类与生俱来的能力，只需要在阅读时敞开心扉即可！

第十二章
提高孩子的写作能力

搭建作文素材库

为什么孩子一写作文就"憋字"？很多孩子平常说话一个小时都停不下来，但一写作文就开始词穷。为了解释孩子作文写不出来的原因，我们先进行一个小测试。如果要你用4句话描述夏天来了，你会想到什么？这个问题非常有趣，我们进行了一些调研，发现父母和孩子的回答居然出奇地一致。比如太阳很晒、天热了、空气闷了、知了吵了。这里有没有你的答案呢？很多成年人描述夏天时居然只能想到这几个并不出彩的词句，更别说让孩子去写一篇几百字的作文了。

这个小调研实际上暴露了作文学习中的两个重大误区。对如何提高孩子的写作能力，大家本能地认为多听、多读、多看、多写、多背以及"读万卷书，行万里路"是关键。如果多听、多读、多看、多写、多背就能提高孩子的写作能力，那为什么整理过那么多好词好句的我们，居然说不出一个关于夏天的词语，比如五彩缤纷、繁花似锦？如果"读万卷书，行万里路"可以给孩子提供更多写作素材，那为什么经历过那么多夏天的我们，对夏天的描述还是那么枯燥？问题的关键在于我们对写作过程的理解。

很多父母认为写作的过程就是先输入好词好句和素材，然后把这些输入的内容输出成文章，所以让孩子去摘抄、积累好词好句。还有一些父母认为孩子写作能力差，是因为看书太少，只要多看书就能写出好文章。我见过一个夸张的案例，一个初一的小女生为了提高写作能力，一个学期摘抄了厚厚的一本好词好句，花了时间和心血，但真到了要写作文时，她根本不知道该怎么运用那些好词好句。

看书/看文章　→输入→　　　→输出→　写作

这种想法忽略了写作中最关键的一步——调用素材库。语文写作并非简单的"输入"和"输出"的过程，而是一个把好词好句积累到个人素材库中，并在写作时调用该素材库的过程。因为我们看过的好词好句和优秀作文并不是真正属于自己的素材，所以即使积累再多，在写作时也无法有效地运用。只有把他人的素材转化成孩子自己的作文素材库，才能在写作时灵活运用。综上所述，很多孩子之所以一写作文就卡壳，就是因为不会积累素材库，不懂如何调用素材库。素材库越丰富，调取素材库的能力越强，创造力也就越丰富。

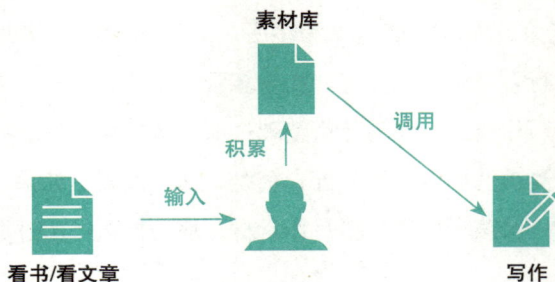

素材库

积累↑　　　调用

看书/看文章　→输入→　　　写作

还是以前面提到的描述夏天的写作为例。如果我们可以让孩子在日常的阅读和写作过程中积累下图这样的素材库，那么孩子在描述夏天时可以用到的素材就很多了。下图的素材库是运用"五官描述法"（也叫作"五感描述法"）的方式进行搭建的。"五官描述法"就是运用人类的五种感官——视觉、听觉、触觉、嗅觉和味觉来描述景物或者人物。拿夏天举例，我们可以问孩子：夏天你会看到什么？会看到金灿灿的太阳，会看到透蓝的天空，还会看到绿树成荫的街道。我们会听到什么？会听到知了的喧闹声和蚊子的嗡嗡声。接着是碰到了什么，闻到了什么，尝到了什么。

夏天素材库		
	形容词+名词	词组
视觉	金灿灿+太阳	金灿灿的太阳
	透蓝+天空	透蓝的天空
	绿树成荫+街道	绿树成荫的街道
听觉	喧闹+知了	喧闹的知了
	嗡嗡作响+蚊子	嗡嗡作响的蚊子
触觉	滚烫+椅子	滚烫的椅子
嗅觉	潮热+空气	潮热的空气
味觉	又苦又咸+汗水	又苦又咸的汗水

搭建这种素材库的好处主要有两个。首先，这种结构化的素材库可以把孩子日常看到的、听到的好的作文素材都清晰地整理出来。这种呈现方式比好词好句本更清晰、更有条理。其次，这种素材库的搭建方式可以帮助孩子在写作时有效地调用。比如，孩子写夏天时就可以写出这样一段话：

夏天来了，我抬头看到了金灿灿的太阳和透蓝的天空。在绿树成荫的街道上，我耳边仿佛有一首正在弹奏的交响曲。这个曲子的演奏者是喧闹的知了和嗡嗡作响的蚊子。我坐在滚烫的椅子上，潮热的空气堵塞了我的鼻腔。一滴又苦又咸的汗水从我的脸上流到了嘴巴里。这就是夏天啊！

简单地把日常积累的素材库调用到作文里，就是一篇有画面感的文章。我在第十一章分享阅读能力时强调过，阅读能力的关键是具备把文字转化成图片的想象力。作文也是一样，作文好的孩子，训练到后期不是在写作文，而是在把脑海中的画面说出来。搭建作文素材库的过程并不复杂，主要分为以下三步。

第一步：准确的形容词+名词

"金灿灿的太阳"就是一个形容词加上名词的组合。形容词是否准确的标准就是看到这个形容词是否会有画面感。通过打开自己的五官加上特定地点就可以有效地捕捉到形容词和名词，如前面关于夏天的素材我们是在街道的场景中进行五官拆解的。那我们再换一个场景——小区旁边的菜市场。同样地，我们可以按照五官的分类写出这些形容词加上名词的组合。

想象在菜市场里我们会分别看到、听到、摸到什么。跟柏油马路的街景不一样，我们可能会看到鳞次栉比的遮阳棚，看到汗流浃背的大爷大妈，看到菜摊上五彩缤纷的水果蔬菜。我们会听到嗡嗡作响的空调声，听到此起彼伏的讨价还价声。我们会摸到湿润的蒿子秆。画面感越强的素材就是越准确的素材。我们在日常阅读中也会遇到各种范例，这些范例也要记录到自己的素材库中。

夏天素材库		
	形容词+名词	词组
视觉	鳞次栉比+遮阳棚	鳞次栉比的遮阳棚
	汗流浃背+大爷大妈	汗流浃背的大爷大妈
	五彩缤纷+水果蔬菜	五彩缤纷的水果蔬菜
听觉	嗡嗡作响+空调声	嗡嗡作响的空调声
	此起彼伏+讨价还价声	此起彼伏的讨价还价声
触觉	湿润+蒿子秆	湿润的蒿子秆
嗅觉	臭烘烘+光脚丫	臭烘烘的光脚丫
味觉	酸甜+汽水	酸甜的汽水

第二步：对素材库进行分类

对素材库的分类有三种推荐方式。第一种方式是我们前面提到的五官描述法。这种分类方式更适合小学和初中阶段的学生写自己的故事或描写自然景物。它的好处在于能最大限度地还原景物的视觉效果，让读者更能代入其中。但这种分类方法仅适合描述外界景物，对情绪的描写和议论文的写作效果不大。

第二种方式是基于情绪进行分类。这种方法适用于小学高年级和初中的孩子，因为这个阶段的写作除了要描写外界景物，还要描写内心世界。所以，可以通过不同的情绪来搭建素材库，比如高兴、悲伤、孤独、平淡和期待等。在素材库里写入适用于不同情绪的素材。以描写妈妈为例，我们可以根据不同的状态或细节来描述妈妈的情绪，如用"阳光般灿烂的笑容"来描述高兴，用"悲戚的面容"来描述悲伤，用"独自忙碌的背影"来描述孤独，等等。

需要注意的是，在描述情绪时，尽量不要用情绪词本身来描述情绪。

比如，不要简单地用"高兴"来描述高兴，而是通过人物状态或细节来描写。比起"高兴"这种形容词，"阳光般灿烂的笑容"就更有画面感，也更能向读者传达出情绪。

妈妈素材库		
	形容词+名词	词组
高兴	灿烂+笑容	灿烂的笑容
平淡	日复一日+操劳	日复一日的操劳
期待	清澈+眼睛	清澈的眼睛
……		

第三种方式是基于作文主题进行分类。这种方法适用于初高中的同学，可以根据常见的高频作文主题来整理自己的素材库。比如，近年来比较热门的主题有家国情怀、青春、奋斗、传统文化、宽容、环保等。尤其是到了高中阶段需要开始写议论文时，人物素材就显得更重要。这时，我们可以把日常学到的和观察到的素材归类到对应的主题中，以便日后写作文使用。人物素材库的常见来源包括优秀范文、高分电影、高分纪录片、人物传记等。

人物素材库		
	形容词+名词	词组
青年	思想自由+王国维	思想自由的王国维
宽容	博爱+林徽因	博爱的林徽因
奋斗		
环保		
……		

第三步：基于素材库进行输出

素材库的积累是为了写作文时能用上，所以我建议大家在日常写作时务必打开自己的素材库，并选择相关的素材进行使用。在不断积累和运用素材的过程中，我们可以更好地记忆素材，并在多次使用中更加得心应手。除了日常写作文，写日记也是一种很好的输出方式。我自己初中三年一直坚持每天晚上写日记。通过把一天的经历和内心活动记录下来，可以提高文字表达能力。

写作题如何审题立意？

写作文最关键的是什么？是文采吗？是题目吗？是开头结尾吗？都不是，写作文最关键的是正确审题。太多同学到了初高中作文成绩很差的原因就是审题总是跑题。满分60分的作文一旦跑题，作文分基本上就是40分以下了，白白丢掉了20多分。很多同学会抱怨作文审题没有章法，自己总觉得没跑题，但阅卷老师一看就判定为跑题作文。在小学阶段，审题跑题问题基本上不存在，因为小学作文主要以看图说话和简单命题为主。但到了初高中阶段，复杂的命题和半命题作文就会频繁出现，这时候跑题现象就变得很严重。作文跑题的根本原因在于孩子们没有经历过系统性的审题训练。我拿一道中考真题来说明如何正确地审题。

窗，是屏障，更是我们与外界交流的通道。推开窗，美景如风，亲情如风，理想如风，文化如风……一缕缕清风，徐徐吹来，丰盈我们心灵，激励我们成长。请以"推窗风来"为题目，写一篇文章。

——2022年山东省济南市中考语文真题

这道题目应该怎么审题立意？很多孩子真的会去写推开家里的窗户看到外面的风景。虽然题目里也确实提到了"美景如风"，可是这样的立意很难拿到高分，因为这个审题立意不够高级。什么样的审题立意是高级的？先跟大家强调中高考作文审题的大原则：立意一定要抽象和概括出来，上升到人生和社会的高度。基于这个原则，我们写"推窗风来"这个命题作文就不能写真实的窗户和自然的风，而是要去写"窗"和"风"的象征意义。具体该怎么做？在研究了很多中高考真题之后，我们提出了作文审题立意三步法。

审题立意三步法

第一步：找名词

几乎所有初高中的作文题目里都会有一些具备象征意义的名词，所以审题立意的第一步是要识别这些名词。比如"推窗风来"这个作文题目里的关键词就是"窗"和"风"。这个题目其实很好识别，频繁出现或者作为题目里句子主语的词基本就是具备象征意义的名词。于是第一步，我们在草稿纸上写下两个字——"窗"和"风"。

第二步：找象征

基于第一步找到的具备象征意义的名词，我们需要进一步去定义这些名词的象征意义。这个找象征意义的过程没有唯一的正确答案，我们可以基于自己擅长的作文内容去定义象征意义。比如"窗"，我们可以找到它的象征意义是"紧锁的心窗"，而"风"的象征意义可以是"理想之风""亲情之风""友谊之风"等。虽然象征意义不是唯一的，但还是要牢记中高考作文审题的大原则：立意一定要抽象和概括出来，上升到人生和社会的高度。

第三步：换说法

第三步我们需要基于象征意义定下作文主题。这一步就是把前面的象征意义做一个排列，然后换一个符合中高考"口味"的说法。比如定下"理想之风吹开了我紧锁的心窗"这个作文主题，在作文里就可以写自己曾经因为考试失利而心情低落，紧锁心窗，后来因为看到了袁隆平爷爷的事迹被感动，理想之风吹开了自己紧锁的心窗。实际上当年一篇中考满分作文基本就是这么写的。

同步训练

一旦掌握审题立意三步法之后，基本所有的初高中作文题就都可以找到比较高级的作文立意了。我再以2022年新高考Ⅰ卷高考真题为例，这道真题当年一出现就上了热搜，因为很多人对这个题目的审题都是有问题的。

"本手、妙手、俗手"是围棋的三个术语。本手是指合乎棋理的正规下法；妙手是指出人意料的精妙下法；俗手是指貌似合理，而从全局看通常会受损的下法。对于初学者而言，应该从本手开始，本手的功夫扎实了，棋力才会提高。一些初学者热衷于追求妙手，而忽视更为常用的本手。本手是基础，妙手是创造。一般来说，对本手理解深刻，才可能出现妙手；否则，难免下出俗手，水平也不易提升。

以上材料对我们颇具启示意义。请结合材料写一篇文章，体现你的感悟与思考。

要求：选准角度，确定立意，明确文体，自拟标题；不要套作，不得抄袭；不得泄露个人信息；不少于800字。

——2022年普通高等学校招生全国统一考试（新高考全国Ⅰ卷） 语文

错误的审题中比较典型的就是著名的围棋世界冠军柯洁当时发的一条微博：但在某些情况下俗手的交换反而有可能成为当下最好的选择。微博这么发当然没问题，但如果考试这么写，就是一篇跑题很严重的作文。因为材料里明确表示了俗手就是"貌似合理，而从全局看通常会受损的下法"。作文审题的第一步就是要遵守题目的说明，不要做偏离题目的理解。

还有一类错误的审题立意方式是就事论事。题目里讲下围棋，有的孩子就真的写了一篇如何下围棋的文章。"下围棋要刻苦认真，否则就只能下出俗手，水平也不易提升"，这样一个立意也算是跑题的低级立意。正确的步骤还是要使用我们讲过的审题立意三步法。

第一步：找名词
这个题目里的象征名词非常好找，就是本手、妙手、俗手。

第二步：找象征
这三个名词的象征意义题目里几乎也说明白了，我们只需要升华和抽象一下，上升到人生和社会的高度。需要额外注意的是，题目里对本手、妙手和俗手有一个逻辑关系的说明。题目里隐藏着"本手是妙手的前提，俗手是盲目追求妙手的负面后果"的提示。把象征意义和逻辑关系放到一起，就可以得到如下结果：

本手——脚踏实地

妙手——基于基础的创新

俗手——盲目追求创新的负面后果

第三步：换说法
完成第二步，我们基本就知道这篇文章要写的就是脚踏实地和创新之间的关系了，换一个更符合中高考"口味"的说法，我们可以定这样一个作文主题："凡事脚踏实地，一步一个脚印去行走，厚积薄发，才能在平凡而又不平凡的漫漫人生路中开出花来。"

如何写好高中议论文？

小学和初中的孩子在完成上面的训练之后，基本上就能写出高分作文了。在这个小节中，我将分享一些如何在孩子上了高中后搞定议论文的建议。如果你家孩子目前还没有进入高中，那你可以先跳过这个小节，等孩子到了高中再给他看。很多孩子在高中写不好议论文，主要问题出在文章结构上。高中的议论文与小学或初中阶段的作文有着本质上的区别，议论文需要的是论证严谨和条理清晰。如果仍然延续初中写故事的方式来写议论文，注定是很难写好的。

一篇逻辑清晰、严谨的议论文通常由7个自然段构成，我们称之为"满分作文7段式"。

材料型作文7段式模板

标题

1. 主旨句：引述材料+一句话议论+"由此观之，我认为……"+中心论点。

2. 现象论点：××是……，是……，是……（内驱力、凝练、核心、体现、升华、立身之本）。

3. 论证现象：引材料+事例/分析+论述现象的论点。

4. 本质论点：××源于……，是……使得……（源于、促使、驱动）。

5. 论证本质：引材料+事例/分析+论述本质的论点。

6. 对比论证：反观当下，我们不幸地看到……（现象）+名言+因此，我们应该……（做法）+唯有如此，才能……（美好愿景）。

7. 结尾：重新点明主旨（简洁有力）。

这个模板适用于对正面中心论点的赞美。

下面以一篇2017年全国Ⅱ卷的高考满分作文为例，说明这篇作文是如何使用这7段结构写出高分作文的。当年的作文题是这样的：

阅读下面的材料，根据要求写作。

①天行健，君子以自强不息。（《周易》）

②露从今夜白，月是故乡明。（杜甫）

③何须浅碧深红色，自是花中第一流。（李清照）

④受光于庭户见一堂，受光于天下照四方。（魏源）

⑤必须敢于正视，这才可望敢想，敢说，敢做，敢当。（鲁迅）

⑥数风流人物，还看今朝。（毛泽东）

中国文化博大精深，无数名句化育后世。读了上面六句，你有怎样的感触与思考？请以其中两三句为基础确定立意，并合理引用，写一篇文章。要求自选角度，明确文体，自拟标题；不要套作，不得抄袭；不少于800字。

——2017年普通高等学校全国统一考试（新课标Ⅱ）　语文

作文的审题此处就不赘述了，大家基于前面讲过的审题立意三步法进行训练即可。这篇满分作文选择了题目材料中的"何须浅碧深红色，自是花中第一流""受光于庭户见一堂，受光于天下照四方"这两句，定下的作文主旨是"眼界无穷世界宽"。

眼界无穷世界宽 "何须浅碧深红色，自是花中第一流"，桂花无己、无功、无名，所以拥有了三秋。"受光于庭户见一堂，受光于天下照四方"，阳光敞开胸怀，拥有了全世界；人打开门窗，才会永远行走在至真、至善、至美的阳光里。这就是中华儿女传扬和践行的眼界格局说——眼界无穷世界宽！	1. 主旨句：引述材料+一句话议论+"由此观之，我认为……"+中心论点。 首先在第一段里，作者直接引述了材料中的"何须浅碧深红色，自是花中第一流""受光于庭户见一堂，受光于天下照四方"这两句。通过一句话的议论直接点明主旨"眼界无穷世界宽"。非常简洁明了，点明主旨并且引述了材料。
花木因眼界不同而境界各异。"墙角数枝梅，凌寒独自开"是眼中充满自我的孤芳自赏，桀骜中透着孤寒，所以它只能绚烂一隅。"草木知春不久归，百般红紫斗芳菲"是满眼功名的你争我抢，积极进取中透着自我，所以它们只能哀叹春之归去。"何须浅碧深红色，自是花中第一流"是度人度己的物我合一，平和淡然中洋溢着高尚与豁达。	2. 现象论点：××是……，是……，是……（内驱力、凝练、核心、体现、升华、立身之本）。 在这一段里作者开始描述什么是"眼界无穷世界宽"，也就是我们说的现象级，并且在描述现象的时候使用了一次对比论证。通过对梅花、草木和"花中第一流"不同现象的描述，明确了什么是眼界对世界观的影响。
所以桂花与秋永恒。它不将群芳争艳视为进取，也不将自我封闭视为高洁，而是将全部精神用于酝酿：每一粒花都凝聚了秋之精华，每一次呼吸都散发着灵魂的芳香！为什么柳永热情地歌唱着"三秋桂子，十里荷花"？为什么人们殷切地期望蟾宫折桂？因为桂花是深深体味秋之真谛的哲人，是深沉、浓郁、成熟的象征。它彰显了秋天，也彰显了自己。	3. 论证现象：引材料+事例/分析+论述现象的论点。 这一段通过桂花的例子，正面论证了文章的主旨，并且再一次表达了"眼界无穷世界宽"的观点。
人在理解宇宙的运行中提升境界。"受光于隙见一床，受光于牖见室央，受光于庭户见一堂，受光于天下照四方"，原来阳光与人都在成长。当阳光的眼界与身影由窗棂间、窗户、庭户扩大至天下时，它拥有的世界也由一床、室央、一堂扩大至四方。	4. 本质论点：××源于……，是……使得……（源于、促使、驱动）。 这一段核心在说眼界无穷的本质是什么，来源是什么。作者认为眼界的提升是源于"人在理解宇宙的运行中提升境界"。

魏源正是在太阳的运行中领悟了眼界和境界提升的关键：所受者小，所见者浅；所受者大，则所见者博。满足于一米阳光的人怎能体味真正的光明与温暖；睁开双眼看世界才能拥抱时代，拥抱世界。	5. 论证本质：引材料+事例/分析+论述本质的论点。 这一段通过魏源的例子来论证上一段观点"人在理解宇宙的运行中提升境界"。
杜甫说"会当凌绝顶，一览众山小"；王安石说"不畏浮云遮望眼，自缘身在最高层"；庄子笔下"望洋向若而叹"的河伯，用巨钩巨饵、踞会稽、投竿东海的任公子，井底之蛙与东海之鳖，还有抟扶摇而上的大鹏……汪洋恣肆的笔端分明流淌着两个词：眼界与格局。哲人的话言犹在耳，社会上却早已喧嚣着浮躁、自我、狭隘与浅薄。君不见，"秀"成了规定动作：秀颜值，秀财富；秀孩子，秀爱人；秀仁善，秀孝顺！到底是要彰显对方，还是虚荣自卑自私自利地彰显自己？君不闻，保护自己成了必修课：不与陌生人说话是保护自己的法宝；思想和内心是不敢被阳光触碰的堡垒；世界那么大的诱惑敌不过社会充满陷阱的恫吓！到底是阴霾太多还是我们自我封闭太小家子气？	6. 对比论证：反观当下，我们不幸地看到……（现象）+名言+因此，我们应该……（做法）+唯有如此，才能……（美好愿景）。 这一段作者通过一个对比论证，来讽刺这个社会上的"秀"行为。与自己的观点形成对比。
"落霞与孤鹜齐飞，秋水共长天一色"，是落霞成就了孤鹜，还是秋水彰显了长天？"问汝平生功业，黄州惠州儋州"，是苏轼成就了赤壁与黄州，还是命运与历史成就了大师？我想，成熟的人一定能给出正确的答案：拥有大眼界和大格局才能趋向真善美的境界。是为眼界无穷世界宽。	7. 结尾：重新点明主旨（简洁有力）。 结尾重新点明了主旨，前后呼应，一气呵成！

如何让议论文有文采？

搞定了议论文的结构之后，我们一起来探讨作文的最后一个话题：如何让作文显得有文采？为什么我使用了"显得"这个词？这是因为作文的文采常常需要通过我们的"装饰"才能展现出来。比如，像下面这样描写"感动中国十大人物"就显得很高级：

> 平凡铸就伟大，英雄来自人民。从山乡巨变、山河锦绣的时代画卷中，我们可以看见"人"的力量，从平凡到不凡的转换、渺小到伟大的成就中，我们更可以感受到人性的光辉。
>
> 揆诸时代，他们是伟大的平凡，他们在寒来暑往、春秋代序的时间规律中撑起了生命的厚度，对物质焦虑与精神困惑下的我们更是穿透心灵雾霾的一道道强光，为我们的前行予以强烈的指引。所以，无论是先飞的鸟还是迟开的花，无论是历经磨难还是闪耀太空，无论是守望还是灵动，都是一个民族的伟力所在。

所以，基于一些高频的作文主题，我也给大家整理了一些可以直接用的高级词汇。在使用时，我们可以先强制自己使用高级词汇，然后不断提高使用的准确性。

语文作文高级词

一、家国情怀

楚囊之情：《左传·襄公十四年》中说"（楚子囊）将死，遗言谓子庚：'必城郢！'君子谓子囊忠"。后因以"楚囊之情"谓爱国之情。

赤心报国：赤心，忠诚的心。用一片忠诚的心报效国家。

横枪跃马：形容将士威武作战的姿态。

卷甲韬戈：卷起铠甲，收起武器。谓停止战斗。

披荆斩棘：比喻扫除前进中的困难和障碍。

二、时代发展

时移俗易：移，改变。易，改换。时代变了，社会风气也变了。也说"时移世易"。

时异事殊：殊，不同，有差异。时间不同，事情也和以前不一样。谓事物随时间改换而发生变化。

物换星移：景物改变了，星辰的位置也移动了，指节令变化，时间推移。也说星移物换、物转星移。

寸阴尺璧：阴，日影、光阴。寸阴，指极短的时间。璧，平而圆、中心有孔的玉。一寸光阴的价值比直径一尺的璧要珍贵。极言时间宝贵。

方兴未艾：事物正在兴起、发展，一时不会终止。

六合同风：六合，指天地四方。同，相同，统一。风，风尚。指国家统一，风俗教化相同。

如日方升：《诗经·小雅·天保》中说"如月之恒，如日之升"。后用"如日方升"比喻事物有远大的发展前途和强大的生命力。

天翻地覆：①形容变化极大。②形容闹得很凶。

三、道德

半天朱霞：半天，空中。朱，红色。半空中的红霞。比喻人品格高尚，不同一般。

涅而不缁：涅，可作黑色染料的矾石。缁，黑色。用涅染也染不黑。比喻在恶劣环境中，仍能坚持高尚的品格。

冰壶玉尺：冰壶，盛有清水的玉壶。玉尺，玉制的尺。比喻人纯正清白，品德高尚。

怀瑾握瑜：瑾、瑜，美玉，比喻美德。怀里装着瑾，手里握着瑜。比喻人有高尚纯洁的品德。

光风霁月：雨过天晴时风清月明的景象，比喻开阔的胸襟和坦白的心地，也比喻太平清明的政治局面。也说霁月光风。

沅芷澧兰：《楚辞·九歌·湘夫人》中说"沅有芷兮，澧有兰"。谓沅水、澧水两岸生长芳草。后以"沅芷澧兰"比喻高洁的人与事物。

寡廉鲜耻：不廉洁，不知羞耻。

以邻为壑：拿邻国当作大水坑，把本国洪水排泄到那里去，比喻把灾祸推给别人。

上下其手：指玩弄手法，暗中作弊。

信口雌黄：不顾事实，随口乱说。

口谈道德，志在穿窬：穿窬，指穿墙越壁的盗窃行为。指嘴里说着仁义道德，心里却想跳墙爬洞偷东西。现也形容那种明里说漂亮话，暗里干肮脏事的伪君子作风。

四、不忘初心

矢志不移：矢，发誓。移，改变。立下志愿决不改变。也作"矢志不渝"。

隙穴之窥：比喻执着地努力，最后达到目的。

慎终如始：谨慎地对待结束，如开始一样。形容做事谨慎不懈。

风雨不改：比喻处于恶劣环境中不变其节操。

碧血丹心：碧血，化为碧玉的血。丹心，忠心。指为正义事业而抛洒的热血和无限忠诚的心。

朝三暮四：原比喻聪明人善于使用手段，愚笨的人不善于辨别事情，后来形容反复无常。

矫心饰貌：矫心，违背本意。故意违背本意，故作姿态以掩饰真情。

一曝十寒：比喻勤奋的时候少，懈怠的时候多，没有恒心。

二三其德：指三心二意，没有一定的操守，品行反复无常。

中道而废：废，停止。比喻事情没做完就中途停止。

五、自律自省

克己复礼：克制自己的私欲，使言行都合乎礼教。

谦卑自牧：谓以谦逊的态度自我修养或自我保护。

奉公守法：奉公行事，遵守法令。

衾影无惭：衾，被子。惭，羞愧。看到自己的影子和睡在被子里都不感到羞愧。形容人光明磊落，行为端正，能问心无愧。

清夜扪心：清，清静。扪，摸。在清静的夜晚抚摸自己的胸口。比喻静下心来，自我反省。

责躬省过：责躬，责问自身。省过，反省过失。责问自己的所作所为，反省自己的过失。

好逸恶劳：贪图安逸，厌恶劳动。

心慵意懒：情思倦怠，精神萎靡。

偎慵堕懒：犹言懒惰，偷懒。

酒囊饭袋：比喻无能的人。

得过且过：只要勉强过得去就这样过下去；敷衍地过日子。也指对工作不负责任，敷衍了事。

六、科技

另开生面：另外创造新的形式或开创新的局面。

自我作古：谓由我创新，不循旧法。

蹈常袭故：蹈，踩，这里指遵循。袭，沿袭。按老规矩、旧框框办事。

筚路蓝缕：形容创业的艰苦。

革故鼎新：去掉旧的，建立新的。多指改朝换代或重大变革。

标新立异：提出新奇的主张，表示与一般不同。

别出心裁：独创一格，与众不同。

独树一帜：单独树立起一面旗帜，指自成一家。

冲云破雾：冲，溃决，突破。冲出云雾。指突破阻力，飞速前进。

拔丁抽楔：楔，插在木器榫子缝里的小木橛。拔出钉子，抽掉木橛。比喻解决疑难问题。

附录：艾宾浩斯复习计划表

艾宾浩斯复习计划表

序号	学习日期	学习内容	短期记忆复习周期			长期记忆复习周期（复习后打"√"）							
			5分钟	30分钟	12小时	1天	2天	4天	7天	15天	1个月	3个月	6个月
1	月 日	100个单词	1	1	1	—	—	—	—	—	—	—	—
2	月 日	100个单词	2	2	2	1	—	—	—	—	—	—	—
3	月 日	100个单词	3	3	3	2	1	—	—	—	—	—	—
4	月 日	100个单词	4	4	4	3	2	—	—	—	—	—	—
5	月 日	100个单词	5	5	5	4	3	1	—	—	—	—	—
6	月 日	100个单词	6	6	6	5	4	2	—	—	—	—	—
7	月 日	100个单词	7	7	7	6	5	3	—	—	—	—	—
8	月 日	100个单词	8	8	8	7	6	4	1	—	—	—	—
9	月 日	100个单词	9	9	9	8	7	5	2	—	—	—	—
10	月 日	100个单词	10	10	10	9	8	6	3	—	—	—	—
11	月 日		11	11	11	10	9	7	4	—	—	—	—
12	月 日		12	12	12	11	10	8	5	—	—	—	—
13	月 日		13	13	13	12	11	9	6	—	—	—	—
14	月 日		14	14	14	13	12	10	7	—	—	—	—
15	月 日		15	15	15	14	13	11	8	—	—	—	—
16	月 日		16	16	16	15	14	12	9	1	—	—	—

序号	学习日期	学习内容	短期记忆复习周期			长期记忆复习周期（复习后打"√"）							
			5分钟	30分钟	12小时	1天	2天	4天	7天	15天	1个月	3个月	6个月
17	月 日		17	17	17	16	15	13	10	2	—	—	—
18	月 日		18	18	18	17	16	14	11	3	—	—	—
19	月 日		19	19	19	18	17	15	12	4	—	—	—
20	月 日		20	20	20	19	18	16	13	5	—	—	—
21	月 日		21	21	21	20	19	17	14	6	—	—	—
22	月 日		22	22	22	21	20	18	15	7	—	—	—
23	月 日		23	23	23	22	21	19	16	8	—	—	—
24	月 日		24	24	24	23	22	20	17	9	—	—	—
25	月 日		25	25	25	24	23	21	18	10	—	—	—
26	月 日		26	26	26	25	24	22	19	11	—	—	—
27	月 日		27	27	27	26	25	23	20	12	—	—	—
28	月 日		28	28	28	27	26	24	21	13	—	—	—
29	月 日		29	29	29	28	27	25	22	14	—	—	—
30	月 日		30	30	30	29	28	26	23	15	—	—	—
31	月 日		31	31	31	30	29	27	24	16	1	—	—
32	月 日		32	32	32	31	30	28	25	17	2	—	—
33	月 日		33	33	33	32	31	29	26	18	3	—	—
34	月 日		34	34	34	33	32	30	27	19	4	—	—
35	月 日		35	35	35	34	33	31	28	20	5	—	—
36	月 日		36	36	36	35	34	32	29	21	6	—	—
37	月 日		37	37	37	36	35	33	30	22	7	—	—
38	月 日		38	38	38	37	36	34	31	23	8	—	—
39	月 日		39	39	39	38	37	35	32	24	9	—	—
40	月 日		40	40	40	39	38	36	33	25	10	—	—
41	月 日		41	41	41	40	39	37	34	26	11	—	—
42	月 日		42	42	42	41	40	38	35	27	12	—	—
43	月 日		43	43	43	42	41	39	36	28	13	—	—
44	月 日		44	44	44	43	42	40	37	29	14	—	—
45	月 日		45	45	45	44	43	41	38	30	15	—	—

序号	学习日期	学习内容	短期记忆复习周期			长期记忆复习周期（复习后打"√"）							
			5分钟	30分钟	12小时	1天	2天	4天	7天	15天	1个月	3个月	6个月
46	月 日		46	46	46	45	44	42	39	31	16	—	—
47	月 日		47	47	47	46	45	43	40	32	17	—	—
48	月 日		48	48	48	47	46	44	41	33	18	—	—
49	月 日		49	49	49	48	47	45	42	34	19	—	—
50	月 日		50	50	50	49	48	46	43	35	20	—	—
51	月 日		51	51	51	50	49	47	44	36	21	—	—
52	月 日		52	52	52	51	50	48	45	37	22	—	—
53	月 日		53	53	53	52	51	49	46	38	23	—	—
54	月 日		54	54	54	53	52	50	47	39	24	—	—
55	月 日		55	55	55	54	53	51	48	40	25	—	—
56	月 日		56	56	56	55	54	52	49	41	26	—	—
57	月 日		57	57	57	56	55	53	50	42	27	—	—
58	月 日		58	58	58	57	56	54	51	43	28	—	—
59	月 日		59	59	59	58	57	55	52	44	29	—	—
60	月 日		60	60	60	59	58	56	53	45	30	—	—
61	月 日		61	61	61	60	59	57	54	46	31	—	—
62	月 日		62	62	62	61	60	58	55	47	32	—	—
63	月 日		63	63	63	62	61	59	56	48	33	—	—
64	月 日		64	64	64	63	62	60	57	49	34	—	—
65	月 日		65	65	65	64	63	61	58	50	35	—	—
66	月 日		66	66	66	65	64	62	59	51	36	—	—
67	月 日		67	67	67	66	65	63	60	52	37	—	—
68	月 日		68	68	68	67	66	64	61	53	38	—	—
69	月 日		69	69	69	68	67	65	62	54	39	—	—
70	月 日		70	70	70	69	68	66	63	55	40	—	—
71	月 日		71	71	71	70	69	67	64	56	41	—	—
72	月 日		72	72	72	71	70	68	65	57	42	—	—
73	月 日		73	73	73	72	71	69	66	58	43	—	—
74	月 日		74	74	74	73	72	70	67	59	44	—	—

序号	学习日期	学习内容	短期记忆复习周期			长期记忆复习周期（复习后打"√"）							
			5分钟	30分钟	12小时	1天	2天	4天	7天	15天	1个月	3个月	6个月
75	月 日		75	75	75	74	73	71	68	60	45	—	—
76	月 日		76	76	76	75	74	72	69	61	46	—	—
77	月 日		77	77	77	76	75	73	70	62	47	—	—
78	月 日		78	78	78	77	76	74	71	63	48	—	—
79	月 日		79	79	79	78	77	75	72	64	49	—	—
80	月 日		80	80	80	79	78	76	73	65	50	—	—
81	月 日		81	81	81	80	79	77	74	66	51	—	—
82	月 日		82	82	82	81	80	78	75	67	52	—	—
83	月 日		83	83	83	82	81	79	76	68	53	—	—
84	月 日		84	84	84	83	82	80	77	69	54	—	—
85	月 日		85	85	85	84	83	81	78	70	55	—	—
86	月 日		86	86	86	85	84	82	79	71	56	—	—
87	月 日		87	87	87	86	85	83	80	72	57	—	—
88	月 日		88	88	88	87	86	84	81	73	58	—	—
89	月 日		89	89	89	88	87	85	82	74	59	—	—
90	月 日		90	90	90	89	88	86	83	75	60	—	—
91	月 日		91	91	91	90	89	87	84	76	61	1	—
92	月 日		92	92	92	91	90	88	85	77	62	2	—
93	月 日		93	93	93	92	91	89	86	78	63	3	—
94	月 日		94	94	94	93	92	90	87	79	64	4	—
95	月 日		95	95	95	94	93	91	88	80	65	5	—
96	月 日		96	96	96	95	94	92	89	81	66	6	—
97	月 日		97	97	97	96	95	93	90	82	67	7	—
98	月 日		98	98	98	97	96	94	91	83	68	8	—
99	月 日		99	99	99	98	97	95	92	84	69	9	—
100	月 日		100	100	100	99	98	96	93	85	70	10	—
101	月 日		101	101	101	100	99	97	94	86	71	11	—
102	月 日		102	102	102	101	100	98	95	87	72	12	—
103	月 日		103	103	103	102	101	99	96	88	73	13	—

序号	学习日期	学习内容	短期记忆复习周期			长期记忆复习周期（复习后打"√"）							
			5分钟	30分钟	12小时	1天	2天	4天	7天	15天	1个月	3个月	6个月
104	月 日		104	104	104	103	102	100	97	89	74	14	—
105	月 日		105	105	105	104	103	101	98	90	75	15	—
106	月 日		106	106	106	105	104	102	99	91	76	16	—
107	月 日		107	107	107	106	105	103	100	92	77	17	—
108	月 日		108	108	108	107	106	104	101	93	78	18	—
109	月 日		109	109	109	108	107	105	102	94	79	19	—
110	月 日		110	110	110	109	108	106	103	95	80	20	—
111	月 日		111	111	111	110	109	107	104	96	81	21	—
112	月 日		112	112	112	111	110	108	105	97	82	22	—
113	月 日		113	113	113	112	111	109	106	98	83	23	—
114	月 日		114	114	114	113	112	110	107	99	84	24	—
115	月 日		115	115	115	114	113	111	108	100	85	25	—
116	月 日		116	116	116	115	114	112	109	101	86	26	—
117	月 日		117	117	117	116	115	113	110	102	87	27	—
118	月 日		118	118	118	117	116	114	111	103	88	28	—
119	月 日		119	119	119	118	117	115	112	104	89	29	—
120	月 日		120	120	120	119	118	116	113	105	90	30	—
121	月 日		121	121	121	120	119	117	114	106	91	31	—
122	月 日		122	122	122	121	120	118	115	107	92	32	—
123	月 日		123	123	123	122	121	119	116	108	93	33	—
124	月 日		124	124	124	123	122	120	117	109	94	34	—
125	月 日		125	125	125	124	123	121	118	110	95	35	—
126	月 日		126	126	126	125	124	122	119	111	96	36	—
127	月 日		127	127	127	126	125	123	120	112	97	37	—
128	月 日		128	128	128	127	126	124	121	113	98	38	—
129	月 日		129	129	129	128	127	125	122	114	99	39	—
130	月 日		130	130	130	129	128	126	123	115	100	40	—
131	月 日		131	131	131	130	129	127	124	116	101	41	—
132	月 日		132	132	132	131	130	128	125	117	102	42	—

序号	学习日期	学习内容	短期记忆复习周期			长期记忆复习周期（复习后打"√"）							
			5分钟	30分钟	12小时	1天	2天	4天	7天	15天	1个月	3个月	6个月
133	月 日		133	133	133	132	131	129	126	118	103	43	—
134	月 日		134	134	134	133	132	130	127	119	104	44	—
135	月 日		135	135	135	134	133	131	128	120	105	45	—
136	月 日		136	136	136	135	134	132	129	121	106	46	—
137	月 日		137	137	137	136	135	133	130	122	107	47	—
138	月 日		138	138	138	137	136	134	131	123	108	48	—
139	月 日		139	139	139	138	137	135	132	124	109	49	—
140	月 日		140	140	140	139	138	136	133	125	110	50	—
141	月 日		141	141	141	140	139	137	134	126	111	51	—
142	月 日		142	142	142	141	140	138	135	127	112	52	—
143	月 日		143	143	143	142	141	139	136	128	113	53	—
144	月 日		144	144	144	143	142	140	137	129	114	54	—
145	月 日		145	145	145	144	143	141	138	130	115	55	—
146	月 日		146	146	146	145	144	142	139	131	116	56	—
147	月 日		147	147	147	146	145	143	140	132	117	57	—
148	月 日		148	148	148	147	146	144	141	133	118	58	—
149	月 日		149	149	149	148	147	145	142	134	119	59	—
150	月 日		150	150	150	149	148	146	143	135	120	60	—
151	月 日		151	151	151	150	149	147	144	136	121	61	—
152	月 日		152	152	152	151	150	148	145	137	122	62	—
153	月 日		153	153	153	152	151	149	146	138	123	63	—
154	月 日		154	154	154	153	152	150	147	139	124	64	—
155	月 日		155	155	155	154	153	151	148	140	125	65	—
156	月 日		156	156	156	155	154	152	149	141	126	66	—
157	月 日		157	157	157	156	155	153	150	142	127	67	—
158	月 日		158	158	158	157	156	154	151	143	128	68	—
159	月 日		159	159	159	158	157	155	152	144	129	69	—
160	月 日		160	160	160	159	158	156	153	145	130	70	—
161	月 日		161	161	161	160	159	157	154	146	131	71	—

序号	学习日期	学习内容	短期记忆复习周期			长期记忆复习周期（复习后打"√"）							
			5分钟	30分钟	12小时	1天	2天	4天	7天	15天	1个月	3个月	6个月
162	月 日		162	162	162	161	160	158	155	147	132	72	—
163	月 日		163	163	163	162	161	159	156	148	133	73	—
164	月 日		164	164	164	163	162	160	157	149	134	74	—
165	月 日		165	165	165	164	163	161	158	150	135	75	—
166	月 日		166	166	166	165	164	162	159	151	136	76	—
167	月 日		167	167	167	166	165	163	160	152	137	77	—
168	月 日		168	168	168	167	166	164	161	153	138	78	—
169	月 日		169	169	169	168	167	165	162	154	139	79	—
170	月 日		170	170	170	169	168	166	163	155	140	80	—
171	月 日		171	171	171	170	169	167	164	156	141	81	—
172	月 日		172	172	172	171	170	168	165	157	142	82	—
173	月 日		173	173	173	172	171	169	166	158	143	83	—
174	月 日		174	174	174	173	172	170	167	159	144	84	—
175	月 日		175	175	175	174	173	171	168	160	145	85	—
176	月 日		176	176	176	175	174	172	169	161	146	86	—
177	月 日		177	177	177	176	175	173	170	162	147	87	—
178	月 日		178	178	178	177	176	174	171	163	148	88	—
179	月 日		179	179	179	178	177	175	172	164	149	89	—
180	月 日		180	180	180	179	178	176	173	165	150	90	—
181	月 日		181	181	181	180	179	177	174	166	151	91	1
182	月 日		182	182	182	181	180	178	175	167	152	92	2
183	月 日		183	183	183	182	181	179	176	168	153	93	3
184	月 日		184	184	184	183	182	180	177	169	154	94	4
185	月 日		185	185	185	184	183	181	178	170	155	95	5
186	月 日		186	186	186	185	184	182	179	171	156	96	6
187	月 日		187	187	187	186	185	183	180	172	157	97	7
188	月 日		188	188	188	187	186	184	181	173	158	98	8
189	月 日		189	189	189	188	187	185	182	174	159	99	9
190	月 日		190	190	190	189	188	186	183	175	160	100	10

序号	学习日期	学习内容	短期记忆复习周期			长期记忆复习周期（复习后打"√"）							
			5 分钟	30 分钟	12 小时	1 天	2 天	4 天	7 天	15 天	1 个月	3 个月	6 个月
191	月 日		191	191	191	190	189	187	184	176	161	101	11
192	月 日		192	192	192	191	190	188	185	177	162	102	12
193	月 日		193	193	193	192	191	189	186	178	163	103	13
194	月 日		194	194	194	193	192	190	187	179	164	104	14
195	月 日		195	195	195	194	193	191	188	180	165	105	15
……	……		……	……	……	……	……	……	……	……	……	……	……
365	月 日		365	365	365	364	363	361	358	350	335	275	185

图书在版编目(CIP)数据

正确学习 / 祁子凯著 . -- 长沙:湖南文艺出版社,2023.11

ISBN 978-7-5726-1437-8

Ⅰ . ①正… Ⅱ . ①祁… Ⅲ . ①学习方法 Ⅳ .
① G442

中国国家版本馆 CIP 数据核字(2023)第 193665 号

上架建议:励志·学习

ZHENGQUE XUEXI
正确学习

著　　者:祁子凯
出 版 人:陈新文
责任编辑:吕苗莉
监　　制:张微微
策划编辑:阿　梨　李　乐　陈莎莎
特约编辑:紫　盈
营销编辑:胖　丁
封面设计:三　喜
版式设计:李　洁
出　　版:湖南文艺出版社
　　　　　(长沙市雨花区东二环一段 508 号　邮编:410014)
网　　址:www.hnwy.net
印　　刷:三河市天润建兴印务有限公司
经　　销:新华书店
开　　本:680 mm × 955 mm　1/16
字　　数:206 千字
印　　张:15.5
版　　次:2023 年 11 月第 1 版
印　　次:2023 年 11 月第 1 次印刷
书　　号:ISBN 978-7-5726-1437-8
定　　价:55.00 元

若有质量问题,请致电质量监督电话:010-59096394
团购电话:010-59320018